Der Kundenberater als Mediator

Kirsten Rusert

Der Kundenberater als Mediator

Effiziente Gesprächsführung durch die Einbeziehung mediativer Elemente

Kirsten Rusert
Training und Mediation kirsten rusert
Westerstede, Deutschland

ISBN 978-3-658-15855-2   ISBN 978-3-658-15856-9 (eBook)
DOI 10.1007/978-3-658-15856-9

Die Deutsche Nationalbibliothek verzeichnet diese Publikation in der Deutschen Nationalbibliografie; detaillierte bibliografische Daten sind im Internet über http://dnb.d-nb.de abrufbar.

Springer Gabler
© Springer Fachmedien Wiesbaden 2017
Das Werk einschließlich aller seiner Teile ist urheberrechtlich geschützt. Jede Verwertung, die nicht ausdrücklich vom Urheberrechtsgesetz zugelassen ist, bedarf der vorherigen Zustimmung des Verlags. Das gilt insbesondere für Vervielfältigungen, Bearbeitungen, Übersetzungen, Mikroverfilmungen und die Einspeicherung und Verarbeitung in elektronischen Systemen.
Die Wiedergabe von Gebrauchsnamen, Handelsnamen, Warenbezeichnungen usw. in diesem Werk berechtigt auch ohne besondere Kennzeichnung nicht zu der Annahme, dass solche Namen im Sinne der Warenzeichen- und Markenschutz-Gesetzgebung als frei zu betrachten wären und daher von jedermann benutzt werden dürften.
Der Verlag, die Autoren und die Herausgeber gehen davon aus, dass die Angaben und Informationen in diesem Werk zum Zeitpunkt der Veröffentlichung vollständig und korrekt sind. Weder der Verlag noch die Autoren oder die Herausgeber übernehmen, ausdrücklich oder implizit, Gewähr für den Inhalt des Werkes, etwaige Fehler oder Äußerungen.

Gedruckt auf säurefreiem und chlorfrei gebleichtem Papier

Springer Gabler ist Teil von Springer Nature
Die eingetragene Gesellschaft ist Springer Fachmedien Wiesbaden GmbH
Die Anschrift der Gesellschaft ist: Abraham-Lincoln-Str. 46, 65189 Wiesbaden, Germany

Für Kira und Thorsten – danke!

Vorwort

In der Kundenbetreuung äußern sich Konflikte durch Beschwerden. Erfährt der Kunde einen respektvollen und fairen Umgang mit seiner Beschwerde, erhöhen sich die Kundenbindung und Loyalität, während im umgekehrten Fall die Gefahr besteht, den Kunden zu verlieren. Eine konstruktive Beschwerde- respektive Konfliktbearbeitung wirkt damit unmittelbar und nachhaltig auf den Unternehmenserfolg.

Kundenberater empfinden Beschwerden oft als herausfordernd und belastend. Aus Impulsen in meinen Trainings mit Kundenberatern, deren Trainern und Führungskräften entstand die Idee für eine kundenorientierte Gesprächsstruktur nach dem Vorbild der Mediation, die Aspekte der Effizienz und Stressbewältigung berücksichtigt.

Vorteile einer Mediation sind neben der konstruktiven Konfliktbearbeitung und Ausrichtung auf eine Win-win-Situation eingesparte Kosten und Zeit – Ziele, die sich auf eine optimierte und effiziente Kundenbetreuung übertragen lassen. Doch die Verfahrensstruktur einer Mediation lässt sich nicht einfach auf die Beschwerdesituation stülpen. Für eine fundierte und praxisnahe Übersetzung habe ich deshalb beide Bereiche verglichen und aus unterschiedlichen Perspektiven betrachtet (Kap. 2 und 3).

Natürlich wäre es mir am liebsten, wenn Sie mein Buch von Anfang bis Ende lesen. Wenn Sie sich jedoch lieber sofort mit der Praxis auseinandersetzen möchten, empfehle ich, mit Kap. 4 „Gesprächsstruktur mit mediativen Elementen für konfliktäre Kundengespräche" zu beginnen. Bitte sehen Sie die dort vorgestellte Struktur nicht als starre Vorgabe, sondern als ein dynamisches Modell, das an spezifische Situationen angepasst werden kann und soll.

In Kap. 5 „Kognitives Stressmanagement für Kundenberater" finden Sie Hintergrundwissen zum Stressor Emotionsarbeit sowie praktische Trainingsideen zum gesunden Umgang mit Stresssituationen aufgrund emotionaler Belastungen in der Kundenbetreuung. Für ein gezieltes Stressmanagement reflektieren Kundenberater ihre Einstellungen und Wahrnehmungen, identifizieren bisher unbewusste Stressauslöser und bauen Ressourcen auf.

Beide Aspekte bilden eine Einheit zur Optimierung von Kundenbetreuung im Beschwerdemanagement, mit denen ich einladen möchte, die Interessen

- der Unternehmung nach Effizienz und Prosperität,
- des Kunden nach Fairness und Wertschätzung sowie
- des Kundenberaters nach einer sinnhaften und gesunden Arbeit

zu einem Triple-win-Ansatz zu verbinden.

Die einzelnen Trainingseinheiten lassen sich gut separieren, sodass sie auch sukzessive in der Teamentwicklung eingesetzt werden können. Einige Methoden sind wahrscheinlich bereits bekannt, und Sie können darauf aufbauen.

Wenn Sie sich mit mir austauschen möchten, schreiben Sie mir gern – ich freue mich, denn: „Progress is when others share our ideas and build upon them" (Simon Sinek).

Westerstede, Deutschland   Kirsten Rusert

Inhaltsverzeichnis

1	**Einleitung**.	1
	Literatur.	3
2	**Unterschiede und Gemeinsamkeiten von Mediation und Kundenbetreuung aus systemischer Sicht**.	5
	2.1 Begriffsbestimmungen.	5
	2.1.1 Konfliktgespräch.	5
	2.1.2 Mediation.	6
	2.1.3 Kundenbetreuung.	7
	2.2 Soziale Systeme.	8
	2.2.1 Soziales System Mediation.	11
	2.2.2 Soziales System Kundenbetreuung.	12
	2.3 Soziale Rollen.	14
	2.3.1 Rolle des Mediators.	14
	2.3.2 Rolle des Kundenberaters.	18
	2.3.3 Vergleich.	21
	Literatur.	22
3	**Unterschiede und Gemeinsamkeiten in der Struktur von Mediationen und Konflikt-/Beschwerdegesprächen in der Kundenbetreuung**.	25
	3.1 Ablauf der Mediation.	25
	3.1.1 Einführung.	26
	3.1.2 Bestandsaufnahme.	27
	3.1.3 Konfliktbearbeitung.	28
	3.1.4 Optionen und deren Bewertung.	28
	3.1.5 Vereinbarung.	29

3.2 Ablauf eines konfliktären Gespräches in der
Kundenbetreuung.. 29
   3.2.1 Begrüßungsphase................................. 32
   3.2.2 Aggressionsabbauphase............................ 33
   3.2.3 Konfliktbereinigungsphase......................... 33
   3.2.4 Problemlösungsphase.............................. 34
   3.2.5 Abspannphase.................................... 35
3.3 Vergleich.. 35
   3.3.1 Phase 1: Einführung versus Begrüßungsphase............ 35
   3.3.2 Phase 2: Bestandsaufnahme versus
        Aggressionsabbauphase............................ 36
   3.3.3 Phase 3: Konfliktbearbeitung versus
        Konfliktbereinigungsphase......................... 37
   3.3.4 Phase 4: Optionen und deren Bewertung
        versus Problemlösungsphase........................ 38
   3.3.5 Phase 5: Vereinbarung versus Abspannphase............. 40
   3.3.6 Zusammenfassung................................. 40
3.4 Zielsetzung nach den Mediationsprojekten..................... 41
   3.4.1 Access-to-Justice-Projekt........................... 42
   3.4.2 Individual-Autonomy-Projekt........................ 42
   3.4.3 Social-Transformation-Projekt....................... 42
   3.4.4 Service-Delivery-Projekt............................ 43
   3.4.5 Reconciliation-Projekt............................. 44
   3.4.6 Zusammenfassung................................. 45
Literatur... 46

4 Gesprächsstruktur mit mediativen Elementen für konfliktäre Kundengespräche............................. 47
4.1 Erste Phase: Gesprächseröffnung............................ 49
4.2 Zweite Phase: Bestandsaufnahme............................ 50
4.3 Dritte Phase: Interessen und Bedürfnisse...................... 55
4.4 Vierte Phase: Lösungen................................... 57
4.5 Fünfte Phase: Gesprächsabschluss........................... 60
4.6 Sechste Phase: Follow-up-Gespräche......................... 60
4.7 Zusammenfassung....................................... 61
Literatur... 67

5 Kognitives Stressmanagement für Kundenberater................ 69
5.1 Stressor Emotionsarbeit................................... 71
5.2 Deep acting oder surface acting?............................ 72

5.3	Emotionale Dissonanz	73
5.4	Rollenverständnis	75
5.5	Persönliche Trigger reflektieren	76
5.6	Neue Ansätze der Stressbewältigung	78
5.7	Perspektivwechsel	79
5.8	Zusammenfassung	80
	Literatur	81

6 Schlussbetrachtung: Können mediative Elemente in konfliktären Kundengesprächen Kunden- und Mitarbeiterzufriedenheit steigern? 83

Stichwortverzeichnis 85

Die Autorin

Kirsten Rusert Die Politik-/Verwaltungswissenschaftlerin (B. A.) und Mediatorin (Master of Mediation) verfügt über langjährige Erfahrungen als Trainerin für Kundenberater und train the trainer bei einer Krankenkasse. Seit 2015 ist sie wissenschaftliche Mitarbeiterin an der Hochschule Emden/Leer sowie selbstständige Mediatorin und Trainerin. Weitere Informationen unter: www.kirsten-rusert.de.

Einleitung 1

> *The real face of a service firm to the customers is the frontline people. These people come in different names and with differing levels of competences and motivations. The role, performances, motivations, skills, morale, and their individual goals are key elements that determine the quality of delivered service*
>
> (Verma 2008, S. 152).

Die Professionen Mediation und Kundenberatung haben auf den ersten Blick mehr trennende als verbindende Aspekte. Auf der einen Seite steht der allparteiliche, am Konflikt unbeteiligte und auf die Selbstverantwortung der Parteien achtende Mediator, auf der anderen Seite der an die Regeln seiner Organisation gebundene und aktiv verhandelnde Kundenberater.[1]

Wie in jedem Gebiet menschlicher Interaktionen gibt es auch im Bereich Kundenbetreuung Konflikte. Kontakte mit verärgerten Kunden gehören zum Tagesgeschäft und werden mir in Trainings mit Kundenberatern als anspruchsvoll geschildert. In diesen Situationen kann der kundenorientierte Einsatz mediativer Kommunikationstechniken subjektiv entlasten und zu positiv empfundenen Gesprächsergebnissen beitragen.[2] Dies hat mich dazu veranlasst, die Anwendbarkeit mediativer Strukturen und Techniken für die Kundenbetreuung zu untersuchen. Mein Vorgehen ist induktiv: Lassen sich

---

[1]Hinweis zur Gender-Formulierung: Bei allen Bezeichnungen, die auf Personen bezogen sind, sind mit der gewählten Formulierung beide Geschlechter gemeint, auch wenn aus Gründen der leichteren Lesbarkeit die männliche Form gewählt wurde. Als Kundenberater gelten in dieser Arbeit ausschließlich Mitarbeiter von Organisationen.

[2]Angewendet werden die in Kap. 4 erläuterten Methoden des aktiven Zuhörens, des Spiegelns und Fragetechniken.

© Springer Fachmedien Wiesbaden 2017
K. Rusert, *Der Kundenberater als Mediator*,
DOI 10.1007/978-3-658-15856-9_1

die praktischen Erfahrungen wissenschaftlich begründen und in einer fundierten, an die Anforderungen der Kundenbetreuung angepassten Gesprächsstruktur verallgemeinern? Dabei verfolge ich zwei Ziele. Das Empowerment der Mitarbeiter zu einem souveränen Konfliktmanagement soll sowohl eine effiziente Kundenbetreuung als auch einen effizienten Umgang mit den gesundheitlichen Ressourcen der Kundenberater ermöglichen. Meine zu überprüfende These lautet:

▶ Mediative Elemente können in konfliktären Kundengesprächen Kunden- und Mitarbeiterzufriedenheit steigern.

Unter Berücksichtigung der engen Wechselbeziehung zwischen Kunden- und Mitarbeiterzufriedenheit (Niewerth und Thiele 2014, S. 279 ff.) könnte sich dieses Empowerment als Instrument der kundenorientierten Personalentwicklung für Arbeitgeber gleich doppelt auszahlen: gewinnbringend für den Unternehmenserfolg und gleichzeitig als aktives Gesundheitsmanagement zur Steigerung der Mitarbeitergesundheit und -zufriedenheit.

Zu Beginn gilt es zu klären, welche Methoden und Strukturen aus der Mediation für Interaktionen in der Kundenbetreuung adaptiert werden können. Dazu werde ich in Kap. 2 in einem ersten Schritt die Begriffe Mediation sowie Kundenbetreuung und ihre Funktion für die Organisation einordnen. Anschließend lade ich den Leser zu einem Exkurs in die Organisationssoziologie ein. Die sozialen Systeme der Mediation und Kundenbetreuung aus systemtheoretischer Perspektive bilden die Basis für den Vergleich der Rollen des Mediators und des Kundenberaters sowie ihrer spezifischen Anforderungen. Aus der systemischen Betrachtung folgt im Kap. 3 ein Überblick über die Struktur des Mediationsverfahrens, die ich mit Gesprächsmustern des Beschwerde- und Konfliktmanagements in der Kundenbetreuung vergleiche. Die Ausführungen stehen unter dem Blickwinkel, inwiefern mediative Elemente in eine kundenorientierte Gesprächsführung bzw. Gesprächsmuster der Kundenbetreuung zur Idee der Mediation passen.

Aus dem Vergleich der Rollen, Anforderungen sowie bestehender kommunikativer Vorgaben und Ideen werde ich im Kap. 4 eine Gesprächsstruktur als Grundlage für Konfliktgespräche in der Kundenbetreuung entwickeln. Moderne Erkenntnisse zur Kundenorientierung fließen mit ein.

Kap. 5 befasst sich mit Emotionsmanagement und beinhaltet Praxisvorschläge zum Empowerment, die sowohl in einer zusammenhängenden Lerneinheit als auch sukzessive in der Team- und Mitarbeiterentwicklung eingesetzt werden können.

Mediation unterliegt einem ethischen Grundverständnis (vgl. Abschn. 2.3.1). Deshalb wird die Grundhaltung der Organisation, den Kunden als mündigen Verhandlungspartner auf Augenhöhe wahrzunehmen statt mediative Elemente zur allenfalls kurzfristig wirksamen Manipulation zu missbrauchen, mitgeführt und vorausgesetzt.

Die Thematik wird von einem interdisziplinären Rahmen aus kommunikationswissenschaftlichen, ökonomischen, psychologischen, soziologischen bis zu linguistischen Aspekten eingefasst. Nicht alle Bereiche können aufgrund der thematischen Eingrenzung im Detail vertieft werden. Bei Interesse an weitergehenden Informationen kann auf die angegebene Literatur zurückgegriffen werden.

Literatur

Niewerth, B., & Thiele, H. (2014). *Praxishandbuch Kundenzufriedenheit. Grundlagen – Messverfahren – Managementinstrumente*. Berlin: Schmidt.

Unterschiede und Gemeinsamkeiten von Mediation und Kundenbetreuung aus systemischer Sicht

2.1 Begriffsbestimmungen

2.1.1 Konfliktgespräch

Die hier verwendete Definition zum Begriff Konfliktgespräch knüpft an Glasls Begriffsbestimmung eines sozialen Konflikts an:

> Sozialer Konflikt ist eine Interaktion zwischen Aktoren (Individuen, Gruppen, Organisationen usw.), wobei wenigstens ein Aktor eine Differenz bzw. Unvereinbarkeit im Wahrnehmen und im Denken und im Fühlen und im Wollen mit dem anderen Aktor [...] in der Art erlebt, dass bei Verwirklichen dessen, was der Aktor denkt, fühlt und will, eine Beeinträchtigung durch einen anderen Aktor [...] erfolgt (Ballreich und Glasl 2007, S. 20).

Grundsätzlich sind Beeinträchtigungen von Organisation und Kunde in beide Richtungen denkbar, z. B. bei Zahlungsverzug nach erbrachter Leistung oder bei Lieferverzug nach Zahlung. Mit dem Schwerpunkt der Kundenbetreuung konzentriert sich dieses Buch auf die Fälle, in denen sich der Kunde beeinträchtigt fühlt. Die konfliktauslösende Interaktion besteht darin, dass der Kunde – also mindestens ein Aktor – aus seiner Sicht die erworbene Leistung nicht, nur unvollständig oder in einer abweichenden Beschaffenheit (bspw. beschädigt oder in einer anderen Ausstattung) von der Organisation erhalten hat. Der Begriff Beschwerdegespräch wird daher synonym zu Konfliktgespräch verwendet.

Ein Konflikt- oder Beschwerdegespräch beinhaltet die soziale Interaktion zwischen Beschwerdeführer und Kundenberater im persönlichen oder telefonischen Kontakt.

2.1.2 Mediation

Mediationen sind strukturierte Kommunikationsprozesse, die aus mehreren aufeinander aufbauenden Phasen bestehen (Rosner und Winheller 2012, S. 35). Nach § 1 des Mediationsgesetzes versteht man unter Mediation

> [...] ein vertrauliches und strukturiertes Verfahren, bei dem Parteien mithilfe eines oder mehrerer Mediatoren freiwillig und eigenverantwortlich eine einvernehmliche Beilegung ihres Konflikts anstreben. Ein Mediator ist eine unabhängige und neutrale Person ohne Entscheidungsbefugnis, die die Parteien durch die Mediation führt.

Eine einvernehmliche Beilegung setzt voraus, dass die Medianden freiwillig an einer gemeinsamen, für alle tragbaren, zukunftsweisenden und möglichst wertschöpfenden Lösung arbeiten. Das gesamte Verfahren orientiert sich an den Interessen der Medianden und ist für alle Beteiligten verpflichtend vertraulich. „Interessen motivieren die Menschen; sie sind die stillen Beweggründe hinter dem Durcheinander von Positionen" (Fisher et al. 2001, S. 69). Während sich die Medianden für eine Position entscheiden, sind Interessen die Gründe für diese Entscheidung (vgl. Fisher et al. 2001). Die Abb. 2.1 verdeutlicht die Zusammenhänge.

Die Vermittlerrolle des Mediators ohne Entscheidungsbefugnis sichert ab, dass die Medianden das Ergebnis eigenverantwortlich erarbeiten (vgl. Rosner und Winheller 2012, S. 26). In Abgrenzung zur juristischen Methode richtet sich Mediation an Möglichkeiten anstelle von Ansprüchen aus und sucht nach Win-win-Lösungen statt nach Siegern und Verlierern (vgl. Ponschab et al. 2011, S. 67 f.).

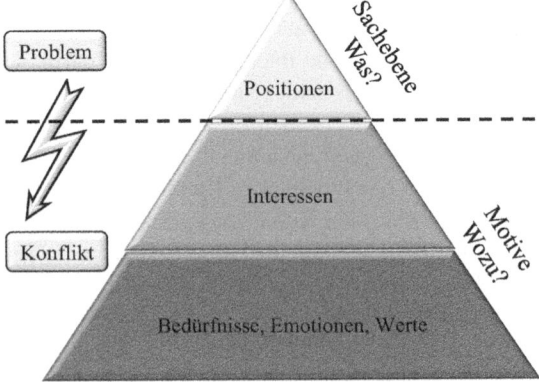

Abb. 2.1 Eisbergmodell. (Quelle: In Anlehnung an Oboth und Weckert 2011, S. 132; Fisher et al. 2001, S. 69)

2.1.3 Kundenbetreuung

In der Kundenbetreuung arbeiten die Mitarbeiter einer Organisation, die mit den Kunden interagieren. Im Rahmen dieses Buches werden sie als Kundenberater bezeichnet. Meier (2001, S. 9) definiert Kundenbetreuung (customer care):

> Customer care ist die Pflege der Beziehung zwischen Anbieter und Kunde. Es umfaßt (sic!) alle Aktivitäten, die das Geschäft verbessern, um zunehmend loyale und profitable Kunden zu identifizieren, zu qualifizieren, zu behalten, zu entwickeln und zu akquirieren [...].

Kundenberater nehmen bei der Kundenbetreuung eine Schlüsselrolle ein, ihr Verhalten beeinflusst in einem hohen Maß die Kundenzufriedenheit, den entscheidenden Faktor für die Kundenbindung (vgl. Nerdinger 2011a, S. 540). Denn ein „fulfillment", die Erfüllung der Kundenerwartungen hinsichtlich des Produktes oder der Dienstleistung, reicht nicht aus, um dauerhafte Beziehungen zu sichern (vgl. Nerdinger 2011a, S. 538). Kunden gleichen ihre Erwartungen mit der tatsächlich erbrachten Leistung ab. Nach dem Diskonfirmationsparadigma (Nerdinger 2011a, S. 533) attestieren sie eine hohe Qualität, wenn die Erwartung übertroffen wird. Bleibt die Leistung hinter den Erwartungen zurück, urteilen sie negativ. Aber selbst wenn der Kunde begeistert ist, darf die Organisation sich nicht zurücklehnen. Kunden passen ihre Erwartungen an die verbesserten Leistungen an, sodass ein immer höheres Leistungsniveau erforderlich ist, um in der „Erwartungs-Wahrnehmungs-Spirale" zu bestehen (Nerdinger 2011a, S. 535).

Individueller Service und Kundenorientierung werden als Auswege aus der Spirale diskutiert, da Kunden in diesem Zusammenhang neben dem Produkt vor allem die Qualität des Mitarbeiterkontaktes bewerten. Die „richtige" Reaktion auf sogenannte kritische Ereignisse wie Fehler, besondere Kundenbedürfnisse und -wünsche sowie spontane Handlungen der Kundenberater korrelieren mit dem ökonomischen Erfolg einer Organisation (vgl. Nerdinger 2011a, S. 538 ff.). Eine weitere Komponente führt Roschk (2011, S. 16) mit der empfundenen Fairness bei der Beschwerdebearbeitung ein. Kunden sind mit einer Beschwerdebearbeitung nur dann zufrieden, wenn sie die distributive, prozedurale sowie interaktionale Bearbeitung als gerecht empfinden. Alle drei Indikatoren haben Einfluss auf die Nachbeschwerdezufriedenheit (Roschk 2011, S. 3). Für das interaktionale Gerechtigkeitsempfinden stellt er einen direkten Zusammenhang zu verbesserter Kundenbindung her. Das Nachbeschwerdeverhalten nach einem respekt- und verständnisvollen Umgang durch den Kundenberater führt zur Loyalität gegenüber dem Unternehmen (vgl. Roschk und Müller 2009, S. 10).

Unter dieser Prämisse bekommt das Verhalten der Kundenberater in Konfliktsituationen eine besondere Wichtigkeit. Darüber hinaus können aus den Interaktionen Informationen für die stetige Analyse der Kundenbedürfnisse und -wünsche abgeleitet werden. Das ermöglicht, die Leistung oder das Produkt permanent anzupassen und verbesserte, am Kunden orientierte Lösungen zu generieren. Individuell geschnürte und zielgerichtet eingesetzte Kundenangebote anstelle von Zusatzangeboten nach dem Gießkannenprinzip können die kostentreibenden Effekte der Erwartungs-Wahrnehmungs-Spirale begrenzen (vgl. Belz und Bieger 2006, S. 643; Meier und Piller 2001, S. 6 ff.).

Erfolgreiche Kundenbetreuung bedeutet also, den Kunden zu begeistern und durch positive Erfahrungen – besonders in kritischen Situationen – nachhaltige und loyale Kundenbeziehungen aufzubauen und zu vertiefen.

2.2 Soziale Systeme

Für den Vergleich von Interaktionen in Kundenbetreuung und Mediation eignet sich das Modell des sozialen Systems aus der Systemtheorie. Ursprünglich erwachsen aus der Übertragung kybernetischer Prinzipien auf die menschliche Kommunikation, wurde die soziologische Systemtheorie maßgeblich durch Niklas Luhmann weiterentwickelt, der den Begriff des sozialen Systems ausgestaltet hat. Stark vereinfacht versuchen kybernetische Prinzipien zu erklären, wie über Input und Feedback ein geschlossenes System gesteuert werden kann, wenn Differenzen zwischen Soll und Ist entstehen. Da Konflikte in der Systemtheorie als eine solche Differenz betrachtet werden, bietet sich die systemische Betrachtung als theoretische Grundlage an (vgl. Troja 2013, S. 156).

Soziale Systeme gehören neben dem Organismus und der Psyche zum Humansystem (vgl. Simon 2006, S. 17). Sie entstehen und existieren durch ihre basale Operation: Kommunikation. Luhmann bezeichnet Kommunikation als genuin sozial, denn sie könne keinem einzelnen, sondern müsse immer mehreren beteiligten Bewusstseinssystemen zugeordnet werden (vgl. Luhmann 1997, S. 81). Kommunikation spezifiert er nicht nach dem klassischen Sender-Empfänger-Modell (vgl. auch Abb. 2.2), sondern beschreibt sie mit einen dreischrittigen Selektionsprozess: Im ersten Schritt wählt Person A aus den ihr bekannten Informationen diejenige aus, die sie kommuniziert. Mit dem zweiten Schritt entscheidet sie, in welcher Form sie die Information übermittelt. Im dritten Schritt kann Person B die Botschaft auf unterschiedliche Weise entschlüsseln und verstehen. Der Anschluss der Kommunikation erfolgt mit der Reaktion von Person B. Sie wählt ihrerseits aus den ihr bekannten Informationen aus, welche sie wie

2.2 Soziale Systeme

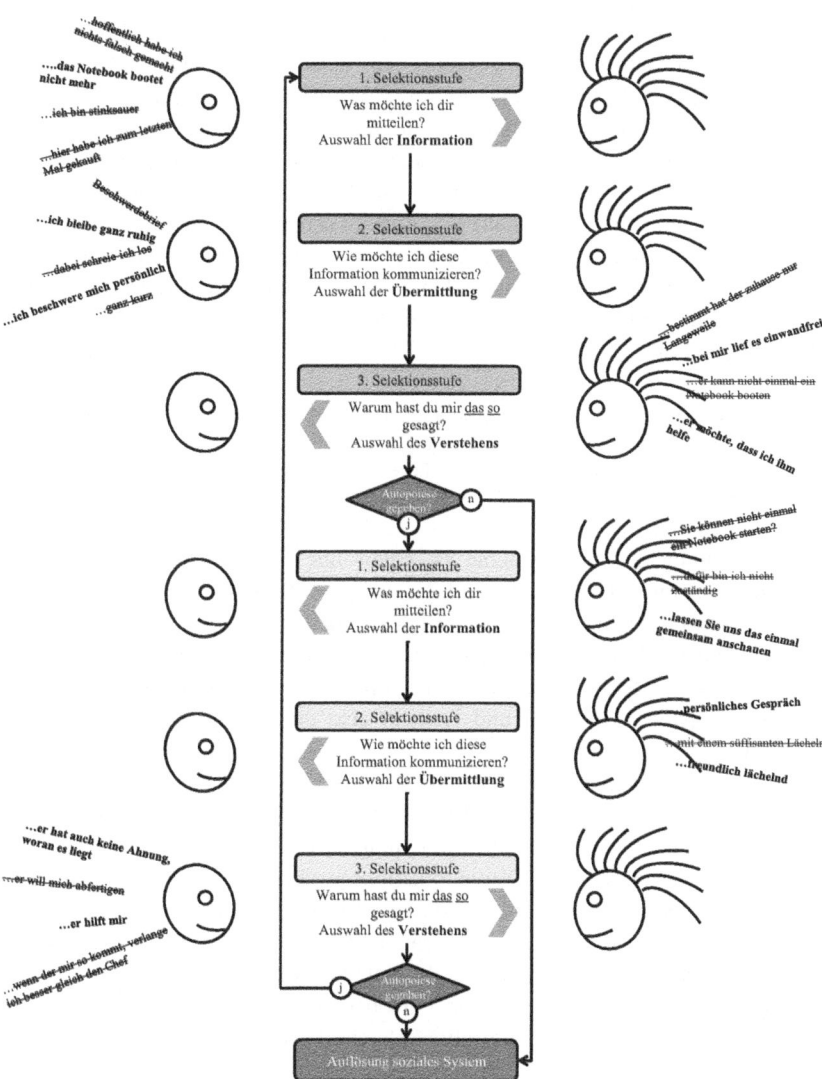

Abb. 2.2 Selektionsstufen. (vereinfachte Darstellung)

kommuniziert. Der Prozess setzt sich mit der darauf folgenden Reaktion von A fort, wiederholt sich und baut zusätzlich auf dem vorhergehenden Zusammenhang auf. In allen Schritten besteht die Auswahl aus mehreren Optionen. Kommunikation verläuft somit als zirkulär anschlussfähiger Prozess.

Durch den Kontextbezug ergeben sich systembezogene Sinngrenzen. Das System bringt selbstreferenziell die Elemente hervor, die es ausmachen und aus denen es erneuert wird. So besteht es autopoietisch fort, solange die Anschlussfähigkeit für Kommunikation gegeben ist. Außerhalb sozialer Systeme, auch zwischen sozialen Systemen und ihrer Umwelt, kann nicht kommuniziert werden (vgl. Schimank 1997, S. 135–150; Bergknapp 2009, S. 64–72; Duss-von Werdt 2013, S. 41, 57–59).

> Soziale Systeme sind operational geschlossen. Sie sind aber zugleich offen, weil sie alles in ihrer Umwelt (Bewusstsein, organisches Leben, chemische Elemente) zum Thema ihrer Kommunikation machen können – oder anders formuliert: ihre Umwelt beobachten können (Bergknapp 2009, S. 64).

Die Betrachtung sozialer Systeme ist somit nur im Gesamtkontext sinnvoll, weil sie von ihrer Umwelt beeinflusst werden. Störungen wirken aus systemtheoretischer Sicht ambivalent auf das soziale System. Sie haben eine „Alarmierfunktion" (Luhmann 1984, S. 525) und deuten auf eine Gefahr der System-Umwelt-Beziehung. Jeder Konflikt kann das System gefährden, ermöglicht aber auch Weiterentwicklung und Lernen, also eine Systemveränderung (vgl. Simon 2010, S. 94 ff).

Im sozialen System Kundenbetreuung nimmt das Unternehmen, die Organisation, eine entscheidende Rolle ein. Formale Organisationen sieht Luhmann ebenfalls als soziale Systeme. Sie „[…] prägen das in und zwischen ihnen stattfindende teilsystemische Kommunikationsgeschehen, indem sie es mit Mitgliedschaftserwartungen an die kommunizierenden Personen verknüpfen" (Schimank 1997, S. 170). Damit sichern sie die Teilsysteme gegen eine Abweichung vom Organisationsprogramm ab. Auf der sozialen Ebene domestizieren Organisationen die Subjektivität von Personen durch Bedingungen zum Erhalt ihrer Mitgliedschaft. Die Organisation gleicht Diskontinuitäten des Personals sowie der Aufgaben aus. Sachlich ermöglicht sie, unwahrscheinliche Programmstrukturen[1] auszubilden (vgl. Schimank 1997, S. 170 ff.).

---

[1] Damit sind Verhaltensanforderungen an die Organisationsmitglieder gemeint, die ohne den organisatorischen Kontext nicht denkbar wären.

2.2.1 Soziales System Mediation

Bereits vor der Mediation hat das soziale System der Beteiligten bestanden, in dem eine Störung der Kommunikation aufgetreten ist. Diese Störung, der Konflikt, war der Anlass für den Auftrag an den Mediator. Ein soziales System mit (mindestens) zwei Konfliktparteien und dem Mediator[2] entsteht, nachfolgend Mediationssystem genannt. Es ist von vornherein zeitlich begrenzt und intentional gegründet, um den bestehenden Konflikt zu bearbeiten, also um das soziale System der Medianden zu verändern. Duss-von Werdt unterteilt das Mediationssystem in (mindestens) drei dyadische Subsysteme. Die Medianden bilden das erste Subsystem. Zusätzlich konstituieren der Mediator und jeder Mediand ein weiteres Subsystem. Duss-von Werdt (2006, S. 36) verdeutlicht aus der konstruktivistischen Perspektive, dass die Interaktionen im System von den beteiligten Medianden auch verschieden erlebt werden. Er hebt dabei die besondere Rolle des Mediators hervor, der bereits mit seiner Anwesenheit Einfluss auf das soziale System der Medianden nimmt.

Der Mediator erhält für seine Dienstleistung der Konfliktvermittlung eine Vergütung. Medianden befinden sich damit in der Rolle des Kunden, auch wenn die Bezahlung möglicherweise durch einen Dritten erfolgt. Dabei bleiben die Medianden Experten für ihren Konflikt und sind selbst verantwortlich für dessen Lösung. Sie haben – wie der Mediator – jederzeit die Möglichkeit, das Mediationssystem zu verlassen. Da die Vergütung sein Einkommen sichert, ist der Mediator begrenzt abhängig von den Medianden. Begrenzt deshalb, weil beim Verlust eines Auftrags noch keine, sondern erst beim Ausbleiben neuer und dem Verlust mehrerer Aufträge existenzbedrohende Folgen eintreten. Bei einer Konfliktklärung zu helfen und dabei Geld zu verdienen, betrachten Thomann und Prior (2013, S. 32 f.) als die korrekte Reihenfolge der Prioritäten. Dies ermöglicht die erforderliche Distanz, um die Bereitschaft des Auftraggebers für eine Mediation zu analysieren.

Für die systemische Sicht fehlt noch der Blick auf die Umwelt. Jedes Mediationssystem ist von weiteren sozialen Systemen umgeben oder an sie gekoppelt,

---

[2]Hier wird zur Vereinfachung von einem Mediator ausgegangen, selbstverständlich ist der Einsatz eines Mediatorenteams ebenfalls möglich.

z. B. haben die streitenden Nachbarn in der Straße gemeinsame Kontakte zu anderen Nachbarn, die Arbeitskollegen stammen aus einem Team eines großen Unternehmens, die Eheleute haben ein gemeinsames familiäres Umfeld. Der Einfluss von Personen und sozialen Systemen im Hintergrund, die Umwelt, kann den Erfolg einer Mediation gefährden, sodass der Mediator diese Risiken berücksichtigen muss.

Beauftragt in Wirtschaftsmediationen eine Organisation den Mediator, beeinflussen die Konditionen dieses Vertrages direkt die Mediation.[3] Möglicherweise werden bereits Lösungsgrenzen abgesteckt oder die Freiwilligkeit der Teilnahme eingeschränkt. Der Mediator steht dann in einer doppelten begrenzten Abhängigkeit: erstens von den Medianden, weil sie die Mediation verlassen oder zumindest boykottieren können, und zweitens von der Organisation, die häufig ihre Bedingungen in die Mediation einbringt (vgl. Ponschab und Schweizer 2006, S. 11). Gleichzeitig gehören beteiligte Organisationen zur Umwelt und können von dort aus nur begrenzt Einfluss auf das Geschehen im Mediationssystem nehmen. Der Mediator ist nicht Mitglied der Organisation und somit nur lose an sie gekoppelt (vgl. Luhmann 2000, S. 373).

2.2.2 Soziales System Kundenbetreuung

Das soziale System der Kundenbetreuung umfasst zwei Akteure: Kundenberater und Kunde. Nerdinger (2011b, S. 527 f.) ergänzt diese Dyade um die Organisation und spricht von der Dienstleistungstriade. „Aufgrund ihrer Grenzrolle verbinden Dienstleistungsgeber [hier: Kundenberater, Anmerkung der Autorin] die Organisation mit ihrer Umwelt, entsprechend versucht die Organisation beide Akteure der Dienstleistungsdyade zu beeinflussen" (Nerdinger 2011b, S. 527 f.). Direkte Kommunikation findet nur zwischen den beiden beteiligten Akteuren statt, das soziale System der Kundenbetreuung ist aus systemtheoretischer Sicht geschlossen. Nerdingers Sichtweise ist hilfreich, um den starken Einfluss der Organisation auf die Kundenbetreuung hervorzuheben, die versucht, die internen sozialen Systeme zu reglementieren. Die Interaktion zwischen Kunden und

---

[3] Zur Ausgestaltung des Mediationsvertrags entsteht wiederum ein soziales System respektive Subsystem zwischen Auftraggeber und Mediator, auf das hier nicht näher eingegangen wird.

Mitarbeitern erfüllt zwei wesentliche Aufgaben: Zum einen repräsentieren die Mitarbeiter ihre Organisation und vertreten deren Interessen gegenüber der Umwelt. Zum anderen transportieren sie Informationen aus der Umwelt in die Organisation (vgl. Breisig et al. 2010, S. 100). Für die Existenz der Organisation ist entscheidend, sich einerseits als geschlossenes soziales Gebilde von der Umwelt abzugrenzen, gleichzeitig aber Veränderungen in der Umwelt wahrzunehmen und darauf reagieren zu können (vgl. Minssen 2010, S. 82). Kundenberater bewegen sich mit ihren Kontakten zu Personen außerhalb der Organisation (Kunden) an einer Grenzstelle in diesem Dilemma. Dabei externalisiert die Organisation die Bewältigung des sogenannten Grenzstellendilemmas an den Berater, der situationsbezogen über schließende und öffnende Verhaltensweisen entscheidet. So kann der Kundenberater z. B. einen Kundenwunsch nach einer Produkterweiterung zurückweisen oder als Anregung an das Backoffice weitergeben. Kundenberater müssen die Interessen des Kunden und die der Organisation ständig gegeneinander abwägen, während beide Seiten Kosten und Aufwand in der Regel zulasten des anderen reduzieren möchten (vgl. Langhoff und Brasse 2003, S. 10). Wenn das Organisationsziel gleichzeitig eine kostenminimierende und Kunden bindende Lösung ist, wird der Kundenberater häufig mit widersprüchlichen Anweisungen konfrontiert. Diese Dynamik verstärkt sich bei Konflikten, da Erwartungen des Kunden (z. B. Schnelligkeit der Bearbeitung, Reklamationen) nicht erfüllt wurden. Oft war der Kundenberater an der Entstehung des Konflikts unbeteiligt. Konfliktparteien sind eigentlich Kunde und Organisation, Letztere delegiert diese Aufgabe aber an den Kundenberater. Dieser ist häufig nicht der Entscheidungsträger der Organisation, sondern vermittelt zwischen Kunden und seinen Vorgesetzten oder Mitarbeitern aus dem Backoffice/Backbereich[4]. Dabei kann die Organisation nur sehr begrenzt kontrollieren, was in „nichttechnisierten Arbeitsvollzügen" (Luhmann 2000, S. 373) vorgeht. Luhmann spricht von der losen Kopplung in Humansystemen:

> Dienstleister in Grenzrollen bilden mit den Bedienten ein soziales System, das nur lose mit der Organisation verknüpft ist, denn sie arbeiten in Distanz zu den Entscheidungssystemen der Organisation, die sie repräsentieren (Nerdinger 1997, S. 120).

---

[4]Zum „Backbereich" gehören z. B. die Produktion, die Logistik etc.

2.3 Soziale Rollen

„Soziale Rollen sind Bündel von Erwartungen, die sich in einer gegebenen Gesellschaft an das Verhalten der Träger von Positionen knüpfen" (Dahrendorf 2010, S. 35). Rollenträger werden auf zweierlei Weise mit den Ansprüchen der Gesellschaft konfrontiert: zum einen durch Ansprüche an das Rollenverhalten und zum anderen durch Rollenattribute wie Aussehen und Charakter. Dahrendorf (2010, S. 35) verweist auf die Verknüpfung einer jeden sozialen Position mit einer entsprechenden Rolle, sodass der Einzelne in seiner Person eine Vielfalt von Positionen und Rollen vereint. Diese können in Einklang koexistieren oder konfligieren.

Eingeordnet in das jeweilige soziale System ergeben sich für Mediatoren und Kundenberater komplexe Rollenerwartungen.

2.3.1 Rolle des Mediators

Der Mediator vermittelt innerhalb eines Konflikts zwischen mindestens zwei Konfliktparteien, welche Themen sie mit welchem Ziel zu welchem Zeitpunkt und in welcher Art und Weise verhandeln. Er ist für den Prozess der Kommunikation zwischen den Parteien verantwortlich (vgl. Duss-von Werdt 2006, S. 59) und gestaltet den Verfahrensablauf (vgl. Montada 2012, S. 17). Die Verfahrensführung erfolgt interessenorientiert und zukunftsgerichtet. Details seiner Rolle ergeben sich aus den Verfahrensgrundsätzen der Mediation:

- Allparteilichkeit,
- Freiwilligkeit,
- Selbstverantwortung,
- Informiertheit und
- Vertraulichkeit.

Das Kernstück der Verfahrensgrundsätze ist die Neutralität oder **Allparteilichkeit** des Mediators (vgl. Kracht 2013, S. 15). Sie betrifft zum einen seine Unabhängigkeit vom Verhandlungsgegenstand, zum anderen die persönliche Unabhängigkeit von den Medianden (vgl. Kracht 2013, S. 37). Ausschlussgründe, bei denen der Mediator die Konfliktbegleitung generell ablehnen muss, sind gesetzlich geregelt (§ 3 Mediationsgesetz). Kracht steckt den Rahmen noch enger und fordert angehende Mediatoren auf, „[…] ein Ethos [zu] entwickeln, das über die gesetzlichen

2.3 Soziale Rollen

Regelungen hinausgehen kann" (Kracht 2013, S. 43; vgl. auch Europäische Kommission 2004). Moralische Grundsätze und Handlungsprinzipien sieht er als Voraussetzung für eine erfolgreiche Mediation. Wie schwierig die Beibehaltung der Allparteilichkeit und die erforderliche Abgrenzung vom Konflikt sein kann, verdeutlicht der Rat von Kessen et al. (2011, S. 6 f.), sich den Satz „Dies ist nicht mein Konflikt" für die Bewältigung schwieriger Situationen einzuprägen.

Ein weiterer Verfahrensgrundsatz ist die **freiwillige Teilnahme** an der Mediation. Im Zusammenhang mit Wirtschaftsmediationen, bei denen der Auftraggeber die Anwesenheit der Medianden anordnet, muss dieser Grundsatz großzügiger ausgelegt werden. Rosner und Winheller (2012, S. 44) sehen ihn noch als erfüllt an, wenn die Medianden das Verfahren abbrechen oder ein Ergebnis zurückweisen können. Dem Mediator obliegt es, die Freiwilligkeit festzustellen (vgl. § 2 Abs. 2 Mediationsgesetz, Kracht 2013, S. 49). Je nach Auslegung des Grundsatzes der **Selbstverantwortung** befürworten Mediatoren eine passive oder aktive Mediation. In der aktiven Mediation, deren Grundverständnis diesem Buch zugrunde liegt, ist der Mediator Helfer und nicht nur Kommunikator. Er wirkt darauf hin, dass das Ergebnis rechtlich abgesichert wird, und übernimmt eine aktive Rolle in der Verhandlung. Damit kann er Machtungleichgewichte in der Mediation aufgreifen und auf ihren Ausgleich hinwirken. Ihm obliegt die prozessorientierte Steuerung des Verfahrens, nicht die inhaltsorientierte. Dazu gehört die Einhaltung grundsätzlicher Verhaltensregeln der Medianden, wie z. B. zuhören und ausreden lassen, keine Beschimpfungen oder Tätlichkeiten. Zusätzlich sehen Vertreter der aktiven Mediation auch keine Beeinträchtigung der Selbstverantwortung, wenn Mediatoren inhaltliche Vorschläge unterbreiten, solange die Medianden sich frei dafür oder dagegen entscheiden können (vgl. Kracht 2013, S. 51 ff.; Montada 2012, S. 7 ff.). Zur Gewährleistung der **Informiertheit** trägt der Mediator die Verantwortung dafür, dass der Informationsfluss zwischen den Medianden in Gang kommt und bleibt sowie bei Bedarf externer Rat eingeholt wird (vgl. Kracht 2013, S. 56 ff.). Der Mediator ist zur **Vertraulichkeit** verpflichtet (§ 4 Mediationsgesetz), ein wichtiger Aspekt zur Vertrauensbildung zwischen Mediator und Medianden.

Der Mediator soll

- persönlich integer,
- sachlich und persönlich neutral,
- sozial kompetent,
- empathisch,
- psychisch stabil,

- kommunikativ kompetent,
- professionell und methodensicher,
- gut ausgebildet und
- konfliktfähig

sein (vgl. Oboth und Weckert 2011, S. 245; Rosner und Winheller 2012, S. 72; Cornelius 2010; siehe auch Abb. 2.3).

Je nach Tätigkeitsfeld sind spezifische Grundkenntnisse hilfreich, z. B. Verwaltungswissenschaften bei einer öffentlichen Mediation. Detaillierte Fachkenntnisse sind nicht erforderlich und können sogar zur falschen Rolleninterpretation (z. B. die Erwartung einer fachlichen Beurteilung und Stellungnahme) durch die Medianden führen. Die Ausbildung des Mediators beruht auf einem interdisziplinären Rahmen, zur Ausbildung gehören juristische, psychologische, kommunikative, pädagogische, soziologische und ökonomische Anteile (vgl. exemplarisch FernUniversität Hagen 2016).

Die mit den Grundprinzipien der Mediation hergeleitete ethische Anlehnung wurzelt in der Humanistischen Psychologie. Ihre Vertreter sahen die Aufgabe der Psychologie darin, Klienten bei der Weiterentwicklung ihrer Persönlichkeit zu unterstützen. Dies beinhaltet selbstverwirklichende Tendenzen. Hiermit ist keine narzisstische, sondern eine an gemeinschaftsstiftende Werten gekoppelte Grundhaltung gemeint. Insbesondere wenden sich die Humanistischen Psychologen gegen den Determinismus der Behavioristen. Sie sind von einer dynamischen Veränderungsmöglichkeit des Menschen überzeugt. Gleichzeitig orientieren sie sich an einem positiven und optimistischen Menschenbild, wonach eine inhumane Handlung durch eine Traumatisierung hervorgerufen wird. Konflikte, hervorgerufen durch Verurteilungen, spiegeln unsere unerfüllten Bedürfnisse. Sie rechtfertigen damit nicht die Handlung, sondern ermöglichen, einen „Täter" weiterhin als Persönlichkeit anzuerkennen, und bemühen sich, seine ursächlichen Motive zu verstehen (vgl. Rosenberg 2009, S. 35 ff., 161 ff.; Schulz von Thun 2013, S. 119 ff.).

Die Ausführungen zeigen den hohen Anspruch an die Rolle des Mediators. Gefühle wie Sympathie, Empörung und Unverständnis gehören jedoch wie zu jedem Menschen auch zu Mediatoren und lassen sich in der Mediation nicht einfach abstellen. Emotionale Dissonanzen, also das Abweichen der rollengerechten Emotionen von den real empfundenen Gefühlen (vgl. Schweer et al. 2005, S. 16), sind zu bewältigen. Inter- und Supervisionen sowie kollegiale Beratungen unterstützen die Selbstreflexion, dienen aber auch der Sozialhygiene (vgl. Auferkorte-Michaelis 2007, S. 63).

2.3 Soziale Rollen

Autor / Merkmale	Erfolgreiche Mediatoren (Oboth und Weckert 2011)	Wichtigste Eigenschaften/ Qualitäten des Mediators (Rosner und Winheller 2012)	Die Rolle des Mediators (Cornelius 2010)
Soziale Kompetenz	• arbeiten gern mit Menschen zusammen • können in schwierigen Situationen Einfühlung geben	• persönliche Integrität • sachliche und persönliche Neutralität • soziale Kompetenz	• Wertschätzung und vorbehaltlose Anerkennung für Medianden • Auf das Wohlbefinden der Medianden achten
Psychische Konstitution	• sind psychisch stabil und können sich gegenüber Angriffen von Konfliktparteien abgrenzen		• engagierte Gelassenheit ausstrahlen
Kommunikationsfähigkeit und Methoden	• schaffen durch Zusammenfassen des Gesagten Struktur • schaffen Transparenz über ihr Vorgehen • nehmen sich zurück, wenn andere Raum brauchen	• kommunikative Kompetenzen • professionelle Arbeitsmethoden	• kommunikative Fähigkeiten • vertrauensvolle Arbeitsatmosphäre aufbauen • Verfahrensbegleiter/Moderatoren • systemischer Blick
Emotionsmanagement und Empathie	• spüren, wenn sie parteilich reagieren • können versteckte Gefühle und Bedürfnisse der Streitparteien benennen		• Empathie: Gefühle und Interessen der Medianden an die Oberfläche bringen • kontrolliert sich und reflektiert seine Tätigkeit
Konfliktfähigkeit	• haben keine Angst vor den Konflikten und Gefühlsäußerungen der Streitparteien • wenden sich im Mediationsprozess der Zukunft zu	• Konfliktfähigkeit	
Auftreten	• erlangen durch das eigene Auftreten Respekt und Akzeptanz		
Sachkenntnis			

Abb. 2.3 Kompetenzen von Mediatoren. (Quellen: Oboth und Weckert 2011, S. 245; Rosner und Winheller 2012, S. 72; Cornelius 2010)

2.3.2 Rolle des Kundenberaters

Als Vertreter der Organisation verhandelt der Kundenberater aktiv mit dem Kunden. Er ist über die Organisation doppelt gebunden: Zum einen hat er sich an ihre Regeln und Vorgaben zu halten. Gleichzeitig soll er gewährleisten, dass der Kunde mit der Dienstleistung nicht nur zufrieden, sondern als Ausweg aus der Erwartungs-Dienstleistungs-Spirale (vgl. Abschn. 2.3.1) mit dem Ziel der nachhaltigen Kundenbindung von ihr begeistert ist.[5] Neben den subjektivierten Eigenschaften und Fähigkeiten wie

- Serviceorientierung,
- Sozialkompetenz,
- einem positiven Menschenbild,
- Einfühlungsvermögen,
- psychologischen Grundkenntnissen,
- Toleranz,
- Geduld,
- Offenheit,
- emotionaler Stabilität,
- Kommunikationsstärke und Methodenkompetenz

sollte er die firmeninternen Prozesse und das jeweilige Produkt kennen (vgl. Stauss und Seidel 2014, S. 445 ff.; Niefind und Ratajczak 2010, S. 101 ff.; Haas und Troschke 2007, S. 17 ff., 31 ff.; siehe auch Abb. 2.4). Unter Kommunikationsstärke ist auch die gezielte Analyse des Kundenanliegens zu verstehen. Der Kunde ist an dieser Stelle Mitwirkender, indem er die erforderlichen Informationen zur Verfügung stellt. Jedoch verpflichtet sich keiner der Beteiligten zur Informiertheit. Ein taktierendes Zurückhalten von Informationen beider Seiten kann nicht ausgeschlossen werden, in der Mediation wäre es ein Verstoß gegen die Grundsätze. Vorstellbar ist z. B., dass dem Kundenberater Informationen bekannt sind, die er aufgrund bestehender Regeln der Organisation nicht an den Kunden weitergeben darf.

Organisationen fordern von Kundenberatern ein hohes Maß an Sensitivität und gleichzeitig ein starkes Commitment. Haas und Troschke (2007, S. 44) fassen

---

[5]Einige Arbeitgeber schreiben ihre Stellenanzeigen in der Kundenbetreuung für „Kundenerfreuer" statt Kundenberater aus (Google-Suche vom 14.06.2016: Kundenerfreuer).

Autor / Merkmale	Mitarbeiter im Beschwerdekontakt (Stauss und Seidel 2014)	Beschwerdemanagement-mitarbeiter, fachliche/persönliche Kompetenzen (Niefind und Ratajczak 2010)	Kundencoaches (Haas und Troschke 2007)
Soziale Kompetenz	• können Situationen richtig erkennen und bewerten • Flexibilität und Kreativität	• Einfühlungsvermögen und psychologische Grundkenntnisse • Toleranz • Geduld • Offenheit	• haben ein positives Menschenbild • sind hilfsbereit • verfügen über emotionale Intelligenz und Empathie
Psychische Konstitution	• emotionale Selbstwahrnehmung, Selbstmotivation und Selbstkontrolle • Kritikfähigkeit	• emotionale Stabilität	• sind mental flexibel • Stressmanagement und positives Selbstwertgefühl
Kommunikationsfähigkeit und Methoden	• differenzierte Kommunikationsfähigkeiten	• Kommunikationsstärke • Methodenkompetenz	• verfügen über spezifische Techniken der Gesprächsführung
Emotionsmanagement und Empathie	• Sensibilität • Fähigkeit zum Perspektivwechsel • Bewältigung der emotionalen Arbeit • Einfühlungsvermögen	• Empathie	• Fähigkeit zum Selbstmanagement • bewusster Umgang mit sowie konstruktiver und lösungsorientierter Einsatz von Emotionen
Konfliktfähigkeit	• Konfliktlösungskompetenz		• sind konfliktfähig • Problemlösungskompetenz
Auftreten	• Serviceorientierung = Motivation zu helfen und Leistungsmotivation		• Sicherheit bei Vereinbarungen
Sachkenntnis	• Kenntnisse im Bereich des Beschwerdemanagements und dessen Prozesse • Kenntnisse der Produkte und Dienstleistungen	• guter Überblick über interne Prozesse • Überzeugungskraft	• Kenntnisse über firmeninterne Prozesse, Abläufe und das Produkt

Abb. 2.4 Kompetenzen von Kundenberatern. (Quellen: Stauss und Seidel 2014, S. 445 ff.; Niefind und Ratajczak 2010, S. 101 ff.; Haas und Troschke 2007, S. 17 ff, 31 ff.)

ihre Auffassung zu Anforderungen an den Kundenberater in einem „Morgengebet" zusammen:

> Ich bin ein guter Kundencoach (Kundenberater, Anmerkung der Autorin). Mein Kunde ist mein Partner. Ich stehe hinter meinem Unternehmen. Wir haben gute Produkte und Dienstleistungen. Ich denke lösungsorientiert.

Die für eine erfolgreiche Kundenbetreuung erforderliche Dienstleistungsorientierung ist auf eine „bestimmte Persönlichkeitsstruktur zurückzuführen" (Nerdinger 2011c, S. 553). Dabei gilt das Zeigen der erwarteten Emotionen auf Abruf als eine Schlüsselkompetenz in Dienstleistungsinteraktionen.

An den Kundenberater werden von beiden Seiten anspruchsvolle subjektive Anforderungen gestellt, eine ethisch-moralische Grundhaltung wird von ihm jedoch nicht erwartet. Alle Beteiligten wissen, dass er als Vertreter der Organisation fungiert, deren Geschäftspolitik er zu vertreten hat. Dazu gehört aber auch das Ziel der Kundenbindung, sodass reine Parteilichkeit zu kurz greifen würde.

Kunde und Organisation erwarten, dass der Kundenberater sich um das Problem des Kunden kümmert und es inhaltlich löst bzw. eine Lösung initiiert, Selbstverantwortung ist in der Kundenbetreuung nicht gefragt. In der Regel wird der Kunde nicht nach seinen Ideen zur Problemlösung gefragt (vgl. Abschn. 3.2.4). In gleichberechtigten Geschäftsbeziehungen ist bei Kunden und Organisationen Freiwilligkeit gegeben, sie können ihre Beziehung beenden oder weiterführen.[6] Der Kundenberater ist als Arbeitnehmer weisungsgebunden, sodass seine Freiwilligkeit eingeschränkt ist. Vertraulichkeit wird dem Kunden nicht garantiert, seine personenbezogenen Daten sind über das Datenschutzgesetz (§ 1 Bundesdatenschutzgesetz), ggf. darüber hinaus über die Allgemeinen Geschäftsbedingungen der Organisation und bei bestimmten Berufsgruppen über die Verschwiegenheitspflicht (§ 203 Strafgesetzbuch) abgesichert. Der Kundenberater ist durch die allgemeine Treuepflicht im Arbeitsverhältnis (§ 616 i. V. m. §§ 311 Abs. 2, 241 Abs. 2, 280 ff. Bürgerliches Gesetzbuch) zur Verschwiegenheit verpflichtet. Eine gegenseitig auf den Raum des Gesprächs in der Kundenbetreuung verpflichtende Vertraulichkeit gibt es somit nicht.

Zu der Frage, welches Verhalten als kundenorientiert gilt, gibt es in der Fachliteratur zwei Richtungen. Die eine Seite lässt sich mit den bekannten Slogans „Der Kunde ist König" und „Dienen kommt vor Verdienen" zusammenfassen.

---

[6]Andere Konstellationen, wie z. B. Bürger im Kontakt mit Behörden oder eine Monopolstellung eines Unternehmens, sollen hier nicht vertieft werden.

Die andere Seite betont die partnerschaftliche Beziehung der Akteure. Letztere Sichtweise ist Grundlage für die weiteren Ausführungen. Wenn der Markenwert einer Organisation aus dem Vertrauen der Kunden entsteht (vgl. Verma 2008, S. 461), lösen unterwürfige Gesten Zweifel an der Kompetenz und Ehrlichkeit des Kundenberaters aus und wirken Vertrauensbildung entgegen. Eine partnerschaftliche Ausrichtung ermöglicht im Optimalfall den Aufbau gegenseitiger Achtung und einen fairen, respektvollen Umgang miteinander (vgl. Pfeifer und Arndt 2002, S. 9, 129). Kundenorientierte Beratung richtet sich am Kundennutzen aus: Der Kundenberater stellt sich auf den Kunden ein, berät ihn individuell und mit Freude, aber nicht demütig (vgl. Holz 2006, S. 148). In dieser Form wertschätzend zu kommunizieren, setzt voraus, dass Kundenbedürfnisse und -wünsche beachtet werden. Die Anwendung bewusst manipulativer Gesprächstechniken scheidet aus. Diese Haltung ist nicht als altruistisch zu interpretieren, sondern beruht auf der besonderen Abhängigkeit der Organisation vom Kunden. Denn dem Kunden ist es zumeist möglich, die Beziehung zu beenden oder der Organisation mit negativer Mundpropaganda (Word-of-mouth-Marketing) erheblichen Schaden zuzufügen.

Erfolgreiche Kundenbetreuung orientiert sich gleichzeitig an den Kunden- wie auch den Unternehmensinteressen. Ihr Ziel ist es, dauerhafte Beziehungen aufzubauen und zu stabilisieren. Kundeninteressen gelangen über den Umweg der Unternehmensinteressen in den Fokus der Kundenbetreuung.

2.3.3 Vergleich

Die strukturellen Gemeinsamkeiten und Unterschiede der sozialen Systeme Mediation und Kundenberatung sind in Abb. 2.5 zusammenfassend dargestellt.

Im System Kundenberatung fehlt die Kommunikationsrichtung vom Kunden zur Organisation. Informationen in die Organisation zu tragen, ist dem Kunden nur über Mitglieder der Organisation möglich, mit dem Kontaktpunkt in der Kundenbetreuung. Nerdingers Darstellung der Dienstleistungstriade wurde um den Pfeil der Informationen vom Kundenberater zur Organisation erweitert. Zwar führt auch Nerdinger diesen Informationsweg aus, er sieht diesen aber als vernachlässigbar an, die Hauptrichtung laufe von der Organisation zum Kundenberater. Gerade bei Konflikten ist die Grenzstelle Kundenberatung als Informationsquelle essenziell. In seiner Schlüsselrolle nimmt der Kundenberater entscheidenden Einfluss auf existenziell wichtige schließende und öffnende Mechanismen der Organisation.

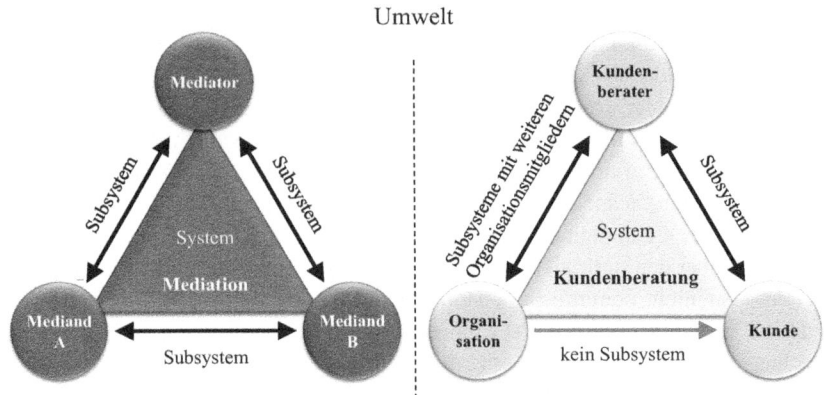

Abb. 2.5 Gegenüberstellung System Mediation und System Kundenberatung. (Quelle: In Anlehnung an Duss-von Werdt 2013 [links]; Nerdinger 2011b [rechts])

Entgegen Niefinds und Ratajczaks (Niefind und Ratajczak 2010, S. 112) Auffassung: „Wir sehen die fruchtbare Arbeit eines Beschwerdemanagements eher in einer Rolle als Mediator, denn als ‚Parteilicher' […]" sind Kundenberater auch in konfliktären Gesprächen keine Mediatoren. Der geschützte Rahmen einer Mediation wird in der Kundenbetreuung nicht geschaffen. Doch wie in der Mediation sind in der Kundenbetreuung individuelle Interessen, Bedürfnisse und Werte des Kunden und der Organisation der Dreh- und Angelpunkt im Konfliktgespräch. Die Aufgabe des Kundenberaters ist dabei die Vermittlung zwischen den Parteien, wobei er durchaus auch eine aktive Verhandlungsrolle einnimmt. An die Rolle des Kundenberaters und des Mediators werden ähnliche subjektive Erwartungen gekoppelt, besonders Konflikt-, Empathie- und Kommunikationsfähigkeit, Kenntnisse von Methoden der Gesprächsführung sowie emotionale Stabilität. Zufrieden werden sowohl Kunden als auch Medianden nur sein, wenn der Kommunikationsprozess authentisch und wertschätzend erfolgt ist.

Literatur

Auferkorte-Michaelis, N. (2007). *Die Technik der teilnehmenden Neutralität*. Hagen: Fern-Universität Hagen.
Ballreich, R., & Glasl, F. (2007). *Mediation in Bewegung. Ein Lehr- und Übungsbuch mit Filmbeispielen auf DVD*. Stuttgart: Concadora.

Literatur

Belz, C., & Bieger, T. (2006). *Customer-Value. Kundenvorteile schaffen Unternehmensvorteile.* Landsberg am Lech: Redline.
Bergknapp, A. (2009). *Supervision und Organisation. Zur Logik von Beratungssystemen.* Wien: Facultas.
Breisig, T., König, S., Rehling, M., & Ebeling, M. (2010). *„Sie müssen es nicht verstehen, Sie müssen es nur verkaufen!" Vertriebssteuerung in Banken.* Hans Böckler Stiftung Forschung. Berlin: edition sigma.
Cornelius, J. (2010). *Mediation und systemische Therapie.* Dissertation. Peter Lang, Frankfurt a. M.
Dahrendorf, R. (2010). *Homo Sociologicus.* Wiesbaden: Springer.
Duss-von Werdt, J. (2006). *Mediation mit Paaren und Familien. Teil 1: Inhaltliche Bestimmung der Paar- und Familienmediation – systemtheoretische Grundlagen.* Hagen: FernUniversität Hagen.
Duss-von Werdt, J. (2013). *Systemische Einführung in die Mediation.* Hagen: FernUniversität Hagen.
Europäische Kommission. (2004). *Europäischer Verhaltenskodex für Mediatoren der Europäischen Kommission.* http://ec.europa.eu/civiljustice/adr/adr_ec_code_conduct_de.pdf. Zugegriffen: 22. Aug. 2016.
FernUniversität Hagen. (2016). *Curriculum „master of mediation".* https://www.fernunihagen.de/ls_schlieffen/mediation/master_cur.shtml. Zugegriffen: 3. Aug. 2016.
Fisher, R., Ury, W., & Patton, B. (2001). *Das Harvard Konzept. Sachgerecht verhandeln – erfolgreich verhandeln.* Frankfurt a. M.: Campus.
Haas, B., & Troschke, B. von. (2007). *Beschwerdemanagement. Aus Beschwerden Verkaufserfolge machen.* Offenbach a. M.: Gabal.
Holz, M. M. L. (2006). *Kundenorientierung als persönliche Ressource im Stressprozess.* Dissertation. http://publikationen.ub.uni-frankfurt.de/frontdoor/index/index/docId/2940. Zugegriffen: 12. Aug. 2016.
Kessen, S., Troja, M., Zilleßen, H., Hehn, M., & Runkel-Hehn, S. (2011). *Mediation im öffentlichen Bereich, Teil 1.* Hagen: FernUniversität Hagen.
Kracht, S. (2013). *Das Ethos des Mediators.* Hagen: FernUniversität Hagen.
Langhoff, T., & Brasse, C. (2003). Einführung. In T. Langhoff & C. Brasse (Hrsg.), *Instrumente des Qualitätsmanagements im Call Center* (S. 7–15). Dortmund: GfAH Selbstverlag.
Luhmann, N. (1984). *Soziale Systeme. Grundriß einer allgemeinen Theorie.* Frankfurt a. M.: Suhrkamp.
Luhmann, N. (1997). *Die Gesellschaft der Gesellschaft.* Frankfurt a. M.: Suhrkamp.
Luhmann, N. (2000). *Organisation und Entscheidung.* Wiesbaden: Springer VS.
Meier, R. (2001). Customer Care Excellence. Mit Benchmarking zum Erfolg. In W. Engelbach & R. Meier (Hrsg.), *Customer Care Management. Lernen von den Besten aus den USA und Deutschland* (S. 13–38). Wiesbaden: Gabler.
Minssen, H. (2010). *Prozesse der Reorganisation. Arbeit in der modernen Gesellschaft.* Hagen: FernUniversität Hagen.
Montada, L. (2012). *Psychologie der Mediation, Teil 2.* Hagen: FernUniversität Hagen.
Nerdinger, F. W. (1997). Konflikte in Dienstleistungstätigkeiten. Das Beispiel der Firmenkundenbetreuer. In V. Heyse (Hrsg.), *Kundenbetreuung im Banken- und Finanzwesen. Praxisbeiträge zur Kompetenzentwicklung* (S. 107–122). Münster: Waxmann.
Nerdinger, F. W. (2011a). Dienstleistungsqualität und Kundenzufriedenheit. In F. W. Nerdinger, G. Blickle, & N. Schaper (Hrsg.), *Arbeits- und Organisationspsychologie* (S. 531–542). Heidelberg: Springer.

Nerdinger, F. W. (2011b). Dienstleistungstätigkeiten. In F. W. Nerdinger, G. Blickle, & N. Schaper (Hrsg.), *Arbeits- und Organisationspsychologie* (S. 517–530). Heidelberg: Springer.

Nerdinger, F. W. (2011c). Steuerung der Dienstleistungsqualität. In F. W. Nerdinger, G. Blickle, & N. Schaper (Hrsg.), *Arbeits- und Organisationspsychologie* (S. 543–555). Heidelberg: Springer.

Niefind, F., & Ratajczak, O. (2010). Wie sollte der Beschwerdemanagementmitarbeiter mit Beschwerdeführern umgehen? In O. Ratajczak (Hrsg.), *Erfolgreiches Beschwerdemanagement. Wege zu Prozessverbesserung und Kundenzufriedenheit* (S. 99–120). Wiesbaden: Gabler.

Oboth, M., & Weckert, A. (2011). *Mediation für Dummies*. Weinheim: Wiley.

Pfeifer, H., & Arndt, R. (2002). *Das dynamische Duo: Kunde – Verkäufer. Verkaufsziele setzen und sicher erreichen*. Düsseldorf: Walhalla & Praetoria.

Ponschab, R., & Schweizer, A. (2006). *Wirtschaftsmediation, Teil 1*. Hagen: FernUniversität Hagen.

Ponschab, R., Flechsig, A., & Schweizer, A. (2011). *Mediation und Litigation*. Hagen: FernUniversität Hagen.

Roschk, H. (2011). *Gerechtigkeit bei der Beschwerdebehandlung. Der moderierende Einfluss von Kunden- und Situationsmerkmalen*. Dissertation, Springer Gabler, Wiesbaden.

Roschk, H., & Müller, J. (2009). *Alter als Moderator im Nachbeschwerdeverhalten*. Ilmenau: Pro Wiwi.

Rosenberg, M. B. (2009). *Gewaltfreie Kommunikation. Eine Sprache des Lebens*. Paderborn: Junfermann.

Rosner, S., & Winheller, A. (2012). *Mediation und Verhandlungsführung. Theorie und Praxis des wertschöpfenden Verhandelns – nicht nur in Konflikten*. Mering: Hampp.

Schimank, U. (1997). *Theorien gesellschaftlicher Differenzierung, Kurseinheit 1*. Hagen: FernUniversität Hagen.

Schulz von Thun, F. (2013). *Klarkommen mit sich selbst und anderen. Kommunikation und soziale Kompetenz. Reden, Aufsätze, Dialoge*. Reinbek: Rowohlt.

Schweer, R., Genz, A., & Wicklein, M. (2005). Emotionsarbeit in personenbezogenen Dienstleistungsberufen. Emotionen regulieren, erfolgreicher und gesünder arbeiten. In VBG Verwaltungs-Berufsgenossenschaft gesetzliche Unfallversicherung (Hrsg.), *Ccall, Erfolgreich und gesund arbeiten im Call Center*. http://www.ccall.de/download_dat/emotionsarbeit.pdf. Zugegriffen: 22. Aug. 2016.

Simon, F. B. (2006). *Einführung in Systemtheorie und Konstruktivismus*. Heidelberg: Carl Auer.

Simon, F. B. (2010). *Einführung in die Systemtheorie des Konflikts*. Heidelberg: Carl Auer.

Stauss, B., & Seidel, W. (2014). *Beschwerdemanagement. Unzufriedene Kunden als profitable Zielgruppe*. München: Carl Hanser.

Thomann, C., & Prior, C. (2013). *Klärungshilfe 3. Das Praxisbuch*. Reinbek: Rowohlt.

Troja, M. (2013). Konstruktivistische und systemtheoretische Grundlagen systemischer Mediation. In T. Trenczek, D. Berning, & C. Lenz (Hrsg.), *Handbuch Mediation und Konfliktmanagement* (S. 141–162). Baden-Baden: Nomos.

Verma, H. V. (2008). *Services marketing: Text and cases*. New Dehli: Dorling Kindersley.

3 Unterschiede und Gemeinsamkeiten in der Struktur von Mediationen und Konflikt-/Beschwerdegesprächen in der Kundenbetreuung

Die festgestellten Gemeinsamkeiten bezüglich der Rollen und sozialen Systeme bilden den Ausgangspunkt für die Untersuchung, den Vergleich und die Einordnung mediativer Elemente in kundenorientierte Konfliktgespräche. Dazu wird zunächst der Ablauf einer Mediation dargestellt. Die Erkenntnisse, dass die Verfahrensgrundsätze der Mediation (vgl. Abschn. 2.3.1) in der Kundenbetreuung durch den Kundenberater nicht eingehalten werden können, fließen in die Betrachtung ein. Denn der Kundenberater fungiert als Vertreter der Organisation und ist weisungsgebunden. Dass Kundenberater Kundeninteressen in der Beschwerdebearbeitung berücksichtigen, ist über das Unternehmensziel der Kundenbindung gewährleistet.

3.1 Ablauf der Mediation

Angelehnt an das soziale System der Kundenbetreuung wurde das kleinstmögliche Setting einer Mediation mit zwei Konfliktparteien ausgewählt. Der idealtypische Ablauf einer Mediation nach dem Modell von Friedman und Himmelstein besteht aus fünf Phasen (vgl. für den gesamten Abschnitt Ponschab et al. 2011, S. 46–68; Rosner und Winheller 2012, S. 40–43; Oboth und Weckert 2011, S. 91–102):

1. Einführung,
2. Bestandsaufnahme,
3. Konfliktbearbeitung,
4. Optionen und deren Bewertung und
5. Vereinbarung.

3.1.1 Einführung

Die Kontaktaufnahme mit dem Mediator erfolgt meist durch eine Partei, die die andere Partei anschließend über ihr Interesse an einer Mediation informiert (vgl. Ponschab et al. 2011, S. 47). Auf Wunsch kann die Information auch durch den Mediator erfolgen. Ist auch die zweite Partei an einer Mediation interessiert, kommt es zu einem ersten Treffen. Ziel dieser Zusammenkunft ist neben der Information über Mediation, einen sicheren Rahmen für das weitere Verfahren aufzubauen. In der Praxis beginnt diese Phase mit einer offenen, freundlichen Begrüßung durch den Mediator, der auf eine ausgewogene Verteilung verbaler und nonverbaler Kommunikation achtet. Die Plätze, möglichst an einem runden Tisch, gibt der Mediator so vor, dass die Medianden nicht frontal einander gegenüber oder nebeneinander sitzen müssen und der Mediator im gleichen Abstand zu den Medianden sitzt. Darüber hinaus sollten die Medianden einen freien Weg zur Tür haben, sodass sie nicht direkt an der Gegenpartei vorbeigehen müssen. Die Sitzordnung unterstützt über die äußeren Bedingungen das Gefühl der Sicherheit und des Vertrauens in die Mediation.

Nach der persönlichen Vorstellung aller Parteien gibt der Mediator einen Überblick, was ihm bisher vom Konflikt bekannt ist und welche Vorgespräche durchgeführt wurden. Die Medianden bekommen so einen ersten Eindruck von der Transparenz des Verfahrens und können Vertrauen fassen. Ihre erfragten Erwartungen an eine Mediation geben dem Mediator einen tieferen Einblick in die Mediierbarkeit des Konflikts. Entscheidend sind der Wunsch und die Fähigkeit der Medianden, miteinander zu kommunizieren, zu kooperieren und ihre eigenen Interessen zu vertreten. In diesem Zusammenhang beobachtet der Mediator möglicherweise bestehende Machtungleichgewichte, die eine selbstverantwortliche Interessenvertretung einschränken können. Gegebenenfalls kann er frühzeitig abwägen, ob und wie ein Machtausgleich möglich erscheint. Gleichzeitig reflektiert er seine Allparteilichkeit hinsichtlich persönlicher oder rechtlicher Ausschlussgründe (siehe auch Abschn. 2.3.1). Bei der Vorstellung des Verfahrens und seiner Rolle sollte der Mediator nicht zu detailliert informieren, sondern sich an den individuellen Bedarf der Medianden anpassen. Kommt er zu dem Ergebnis, dass der Konflikt mediierbar ist, und entscheiden sich die Medianden für eine Mediation mit diesem Mediator, können die Kosten und organisatorischen Fragen geklärt werden. Abgeschlossen wird die Phase in diesem Fall mit der Mediationsvereinbarung, die die Grundprinzipien und Verfahrensgrundsätze der Mediation enthält, aber auch die Vergütung, die Kostenaufteilung und Kündigungsmöglichkeiten regelt. Bevor die nächste Phase begonnen werden kann, ist die ausdrückliche Zustimmung der Medianden zum Verfahren an sich, aber auch zur Vertraulichkeit, Selbstverantwortung und zu den Gesprächsregeln erforderlich.

3.1.2 Bestandsaufnahme

Mit dieser Phase beginnt das eigentliche Mediationsverfahren. Die Medianden stecken den thematischen Rahmen ab, für den die Mediation durchgeführt werden soll. Dies geht in der Regel mit einem hohen Maß an Emotionalität einher, denn nach einer Phase der Konflikteskalation sitzen die Medianden häufig erstmals wieder zusammen. Zum Zuhören verpflichtet sollen sie aushalten, wenn die andere Partei Inhalte vermeintlich unzulässig oder falsch schildert. Das Gespräch findet zwischen dem Mediator und dem Medianden statt, der das Wort hat. Die Reihenfolge bestimmen die Medianden. Kommt es zu Unterbrechungen oder anderen Regelverletzungen, schreitet der Mediator die Emotionen würdigend ein. Er sorgt dafür, dass beide Konfliktparteien ausreichend Zeit haben, ihre Themen einzubringen und zu artikulieren, worum es ihnen dabei geht. Zwangsläufig fließen dadurch Informationen über den Konflikt ins Verfahren. Der Mediator überprüft gemeinsam mit den Medianden, ob alle relevanten Informationen zur Verfügung stehen, fehlende Auskünfte von ihnen nachgereicht werden können oder externe Gutachter beauftragt werden müssen. Gesprächsmethoden sind aktives Zuhören (vgl. Erläuterungen in Abschn. 4.2) und das positive Umformulieren von Beschuldigungen, Angriffen oder Vorwürfen zu den Themen. Den Vorwurf „Du hältst dich nie an Absprachen" hinterfragt der Mediator z. B. mit der Frage: „Ihnen geht es um Zuverlässigkeit/Verbindlichkeit?" Die Begriffe würdigen den Ärger des Konfliktpartners, sind aber positiv konnotiert und wirken deshalb deeskalierend. Dabei schlägt der Mediator seine Begriffe für ein Thema vor und nimmt sie nur mit dem Einverständnis der Medianden in die Agenda auf. Gezielte Fragetechniken und Zusammenfassungen schaffen Struktur und unterstützen den Kommunikationsprozess.

Eine Visualisierung, z. B. auf Flipcharts, signalisiert den Medianden, dass im weiteren Verfahren keines der angesprochenen Themen vergessen wird. Mit dieser Sicherheit können sie zum Abschluss der Phase eine Reihenfolge der Themen für die weitere Konfliktbearbeitung bzw. das zuerst zu bearbeitende Thema festlegen. Am Ende dieser Phase liegen die unterschiedlichen Positionen im Konflikt für Medianden und Mediator offen (vgl. Abb. 2.1).

3.1.3 Konfliktbearbeitung

Diese Phase wird auch als Konflikterhellung und Kern der Mediation bezeichnet. Die Medianden erhalten die Chance, ihre eigenen Bedürfnisse und Interessen hinter den Positionen zu erarbeiten, darzustellen und den gleichen Prozess auf der anderen Seite mitzuerleben. Gegenseitiges Verständnis wird möglich, eine Voraussetzung für die anschließende Lösungssuche. Geprägt durch juristisches Anspruchsdenken ist interessenorientierte Kommunikation möglicherweise ungewohnt. Deshalb ist von allen Beteiligten Geduld erforderlich, um diesen Wendepunkt des Konflikts zu erreichen. Entscheidend sind in dieser Phase Empathie, vermittelte Ruhe, Zeit, aber auch die Hartnäckigkeit des Mediators. Seine Aufgabe besteht unter anderem darin, verlockend erscheinende Lösungsansätze zunächst zu vertagen, bis tatsächlich beide Parteien ihre Interessen umfassend erarbeiten konnten. Hilfreich ist, diese Lösungsansätze zu notieren, damit sie später nicht vergessen werden.

Oboth und Weckert (2011, S. 96) bezeichnen den Mediator als einen „Sprachdolmetscher", der nachfragt, ob die positiv übersetzten Bedürfnisse, Interessen und Emotionen zutreffend sind. Eine Rückfrage bei der anderen Partei klärt, ob das Ziel des gegenseitigen Verstehens erreicht werden konnte. An diesem Punkt setzt meist die Kommunikation zwischen den Medianden wieder ein (vgl. Oboth und Weckert 2011, S. 97). Schweizer (2007, S. 68 f.) beschreibt als häufigste streitauslösende abstrakte Interessen: Freiheit, Sicherheit, Anerkennung, Macht, Harmonie, Intensität, Glaubwürdigkeit, Fürsorge und Neugier. Rosenberg (2009, S. 216 f.) benennt als Oberbegriffe grundlegender Bedürfnisse Autonomie, Feiern, Integrität, Interdependenz, Nähren der physischen Existenz, Spiel und spirituelle Verbundenheit. Seine weitere konkretere Untergliederung der Grundbedürfnisse ist hilfreich, um aus den abstrakten Begriffen für die Medianden greifbarere Formulierungen zu finden.

3.1.4 Optionen und deren Bewertung

In dieser Kreativitätsphase kann der Konflikt u. U. noch einmal aufbrechen. Situationsbezogen entscheidet der Mediator, inwiefern die Interessen noch nicht hinreichend geklärt werden konnten, sodass ggf. ein Schritt zurück zur vorigen Phase erforderlich ist. Wurden die Interessen ausreichend erarbeitet, können die Medianden den Blick spätestens jetzt in die Zukunft richten. Zu Beginn erarbeiten die Medianden mit methodischer Unterstützung des Mediators möglichst viele

Lösungsideen, die gesammelt, aber noch nicht bewertet werden. Die bekannteste Technik ist das Brainstorming, also der freie Lauf von kreativen Ideen, die ohne Bewertung in großer Anzahl spontan produziert werden. Andere Kreativitätstechniken sind ebenfalls denkbar, entscheidend ist, alle Ideen zuzulassen. Der Mediator fördert die Kreativität der Medianden durch ergänzende Fragen, besonders wenn der Prozess stockt. Erst wenn die Kreativität und Fantasie der Medianden erschöpft ist, ist eine Pause sinnvoll.

Danach beginnen die Medianden, ihre Ideen zu bewerten. Zunächst sortieren sie die gemeinsam als ungeeignet bewerteten Ideen aus. Die übrig bleibenden werden danach untersucht, ob sie als Win-win-Lösungen geeignet sowie praktikabel und umsetzbar sind. Je mehr Interessen und Bedürfnisse die Ideen abdecken, umso nachhaltiger wirken sie bei der Umsetzung. Der Mediator achtet darauf, dass nur die Lösungsideen weiter verfolgt werden, die tatsächlich beide Seiten nach ihrer Interessenlage befürworten. Bei einigen Konfliktthemen kann es sinnvoll oder erforderlich sein, die Lösungen durch externe Experten überprüfen zu lassen, z. B. durch einen Rechtsanwalt oder Steuerberater. Sollten weitere Personen von den Lösungen betroffen sein, sind diese Auswirkungen zu berücksichtigen.

3.1.5 Vereinbarung

In der letzten Phase der Mediation geht es darum, die Lösungen abschließend zu verhandeln und im sogenannten Mediationsvertrag schriftlich zu fixieren. Sofern Experten eingeschaltet wurden, wird ein gesonderter Termin anberaumt. Der Mediator vergewissert sich ein letztes Mal, dass alle relevanten Interessen auch berücksichtigt sind, ggf. fließen die Stellungnahmen der beauftragten Sachverständigen ein. Diese Unterstützung dient den Medianden zur Absicherung ihrer selbstverantwortlich getroffenen Vereinbarung. Der Vertrag besteht in der Regel aus einer Einleitung mit den persönlichen Daten der Medianden, einem Hauptteil mit der Einigung, einer Schlussregelung mit Details wie Implementierung und Umsetzung der Ergebnisse, Dauer und optionale Reviewprozesse bzw. Erfolgskontrollen.

3.2 Ablauf eines konfliktären Gespräches in der Kundenbetreuung

Während sich für die Mediation als komplexes Verfahren zur alternativen Konfliktbearbeitung eine Struktur etabliert hat, existiert zu Konfliktgesprächen in der Kundenbetreuung keine allgemeingültige Verfahrensstruktur. Inwiefern ein

Phasenmodell für eine Gesprächsstruktur überhaupt adaptiert werden kann und sinnvoll ist, kann mithilfe der linguistischen Forschung geklärt werden.

„Gespräche sind komplexe Einheiten sozialer Kommunikation mit einer Vielzahl interpretationsrelevanter Dimensionen und interner Strukturierungsgrößen" (Spiegel und Spranz-Fogasy 2001, S. 3). Die Interaktionspartner strukturieren Kommunikation handlungs- oder themenbezogen in Gesprächsphasen. Phasenmodelle unterstellen eine homogene Linearität von Gesprächen und werden damit der komplexeren Wirklichkeit häufig nicht gerecht. Sie unterteilen Konversation in Handlungs- oder Themenabschnitte und implizieren, dass die Gesprächsphasen abgrenzbar und voneinander getrennt in einer logischen Reihenfolge verlaufen. In der Empirie konnte ein solch linearer Verlauf z. B. bei Verkaufsgesprächen nicht festgestellt werden (vgl. Spiegel und Spranz-Fogasy 2001, S. 6 f.).

Dagegen sei das nachfolgend vorgestellte handlungsbasierte Schema zu Reklamationsgesprächen geeignet, um Probleme bei der Gesprächsführung zu thematisieren, deren Folgen festzustellen und zu systematisieren (Spiegel und Spranz-Fogasy 2001, S. 8). Denn in Reklamationsgesprächen würden sich bestimmte Gesprächsabläufe regelmäßig wiederholen (vgl. Spiegel und Spranz-Fogasy 2001, S. 15 ff.; Fiehler et al. 2002, S. 135 f.). Die empirische Analyse von Gesprächen ermögliche es, Fehler der Kundenberater aufzugreifen, die eine Eskalation begünstigen (siehe auch Kap. 4). Die Autoren konnten in ihren Untersuchungen nachweisen, dass Reklamationsgespräche komplexe Anforderungen unterschiedlicher Kommunikationsformen aufweisen (vgl. Fiehler et al. 2002, S. 120). Ihr Schema bleibt sehr offen in der Reihenfolge der Gesprächsphasen, gibt aber Orientierung zum realen Ablauf und den zu bewältigenden Aufgaben in Konfliktgesprächen mit Kunden (vgl. Abb. 3.1).

Das Handlungsschema zeigt die diskursanalytischen Forschungsergebnisse der Autoren bei Reklamationsgesprächen. Sie stellten die wiederkehrenden Aufgaben dieses Gesprächstyps anhand von Transkripten fest. Ihr Forschungsinteresse war, den Istzustand der untersuchten Gespräche aufzuzeigen und Fehler zu analysieren, nicht etwa, eine optimierte Struktur zu entwickeln (vgl. Fiehler et al. 2002, S. 134 f.). Für die Entwicklung einer Struktur zur sinnvollen Reihung der Gesprächsphasen sind diese Ergebnisse trotzdem richtungsweisend, weil sie den Nachweis regelmäßig wiederkehrender Aufgaben einer sich ähnelnden Phasenstruktur in konfliktären Kundengesprächen erbringen.

3.2 Ablauf eines konfliktären Gespräches in der Kundenbetreuung

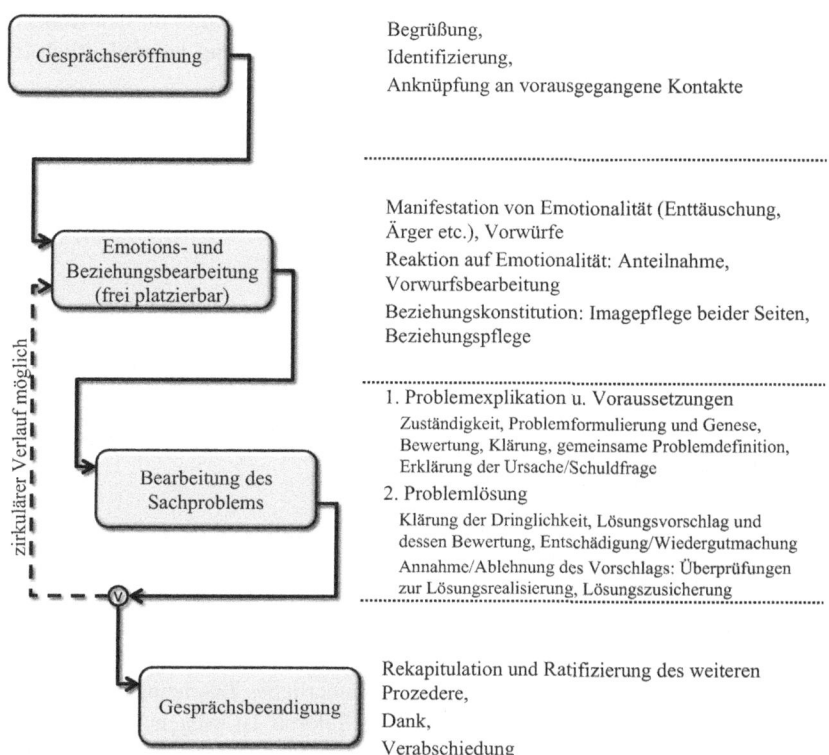

Abb. 3.1 Handlungsschema/Aufgabenstruktur von Reklamationsgesprächen. (Quelle: Verkürzte Darstellung nach Fiehler et al. 2002, S. 135 f.)

Strukturvorgaben finden sich in der Fachliteratur zum Beschwerdemanagement. Dort hat sich die Publikation „Beschwerdemanagement" von Stauss und Seidel (2014, neueste Auflage) als Standardwerk etabliert (vgl. z. B. Roner 2008; Roschk 2011; Haas und Troschke 2007). Die Autoren arbeiten eine Anleitung für Beschwerdegespräche heraus, deren Verhaltensregeln und Strukturen als Grundlage für den hier angestrebten Vergleich zwischen dem Ablauf und der Struktur von Mediationen und Beschwerdegesprächen dienen sollen. Zunächst appellieren sie an die Einstellung des Kundenberaters, Beschwerden als Teil der Aufgabe und Chance zur Steigerung der Kundenbindung anzunehmen (vgl. Stauss und Seidel

2014, S. 206). Ihr Prinzip des „Complaint-Ownership"[1] bedeutet für den Kundenberater, dass er für die Beschwerdeaufnahme bis zur Lösung verantwortlich ist, auch wenn er sie weder verursacht hat noch selbst lösen kann.

Das Beschwerdegespräch strukturieren sie in fünf Phasen (Stauss und Seidel 2014, S. 202–206):

- Begrüßungsphase,
- Aggressionsabbauphase,
- Konfliktbereinigungsphase,
- Problemlösungsphase und
- Abspannphase.

Während Stauss und Seidels Ausführungen sich eher auf die Struktur konzentrieren, greifen Haas und Troschke (2007, S. 47–63) die Kommunikationsmethoden ausführlicher auf.

3.2.1 Begrüßungsphase

Bei der Begrüßung werden die Weichen für ein konstruktives Gespräch gestellt. Der Kundenberater soll freundlich und offen wirken, Augenkontakt halten, zugewandt sein und Sicherheit ausstrahlen. Sein äußerliches Erscheinungsbild sollte dem Rollenbild entsprechen. Besonders am Telefon ist wegen des fehlenden Sichtkontakts auf die Parasprache, d. h. die Sprache begleitende, vokale Mittel zu achten. Vom hohen Sprechtempo eines erregten Kunden sollte sich der Kundenberater lösen und stattdessen auf eine langsame und damit gut verständliche Sprache achten. Um die Aufmerksamkeit für das Kundenanliegen zu verdeutlichen, ist ein Zurückziehen aus dem öffentlichen Kundenbereich an einen ruhigeren Ort sinnvoll, als Nebeneffekt wird der u. U. wütende Kunde von anderen Kunden isoliert. Für eine positive Atmosphäre bietet der Kundenberater dem Kunden eine Sitzgelegenheit und ggf. ein Getränk an.

---

[1]Der Mitarbeiter, der als erster vom Kunden über ein Problem informiert wird oder dieses wahrnimmt, erwirbt Eigentum an der Beschwerde. Er ist dafür verantwortlich, dass die Beschwerde anerkannt und bearbeitet wird (vgl. Stauss und Seidel 2014, S. 128 f.).

3.2.2 Aggressionsabbauphase

Nachdem der Kunde wahrgenommen hat, dass der Kundenberater zuständig ist, erhält er die Gelegenheit, sein Problem darzustellen und den angestauten Ärger loszuwerden. Der Kundenberater signalisiert möglichst frühzeitig und authentisch sein Verständnis, z. B. Bedauern der Schwierigkeiten oder Entschuldigung in der Ich-Form. Ansonsten lässt er den Kunden ausreden und hört zu. Augenkontakt, Notizen während des Sprechparts des Kunden und – vor allem im Telefonkontakt – kurze, bestätigende Anmerkungen bekräftigen, dass der Kundenberater sich aufmerksam mit dem Kunden auseinandersetzt.

Persönliche Angriffe des Kunden werden nach Stauss und Seidel (2014, S. 204) hier noch toleriert, dürfen, müssen aber in den folgenden Gesprächsphasen nicht aufgegriffen werden. Vorschnelle Lösungsvorschläge, Schuldeingeständnisse oder -zuweisungen sind zu unterlassen. Haas und Troschke (2007, S. 49 ff.) empfehlen, einen Fokus auf die Wahrnehmung der Kundensignale zu legen, um die Beziehungsebene positiv anzusprechen. Darüber hinaus empfehlen sie aktives Zuhören, das sie als Prozess des aufmerksam zugewandten Hörens mit Wiederholung von Schlüsselwörtern, Nachfragen und Zusammenfassen beschreiben.[2] Die empathische Ansprache der Gefühle des Kunden ist entscheidend. Bei negativen Emotionen bietet sich die indirekte Formulierung, ggf. mit einer zeitlichen Eingrenzung an, damit der Kunde sich nicht erneut in die Emotion einfühlt. Die Autoren vertreten die Auffassung, eine Verallgemeinerung mit einem zurückliegenden temporären Bezug (z. B. „Ich kann verstehen, dass man zunächst einmal verärgert ist.") schaffe Distanz vom Gefühl und dem Ereignis.

Den Kunden auf der emotionalen Ebene abzuholen, seinen Ärger auszuhalten und Unterbrechungen, Belehrungen und Rechtfertigungen zu unterlassen, ermöglicht nach der Begrüßungsphase eine konstruktive Gesprächsatmosphäre.

3.2.3 Konfliktbereinigungsphase

Auf diesem Fundament soll der Kundenberater in der Konfliktbereinigungsphase aufbauen. Ziel dieser Phase ist, das Kundenanliegen umfassend zu analysieren. Der Kundenberater benötigt in der Regel weitere klärende Informationen, wozu er auf die Mitwirkung des Kunden angewiesen ist. Der Kunde wird nur dann auf die Sachebene wechseln können, wenn er sich verstanden fühlt. Dabei hilft das

---

[2]Die Methode wird in Abschn. 4.2 und Abb. 4.1 ausführlich erläutert.

authentisch gezeigte Verständnis genauso wie die vollständige Berücksichtigung seiner individuellen Situation. Der Kundenberater ist gefordert, so lange zu fragen, bis sich ihm das Kundenanliegen vollständig erschließt (Stauss und Seidel 2014, S. 204). Verständnis für die Fragen wird durch vorangestellte Begründungen aufgebaut, die den Kundennutzen verdeutlichen. Zusammenhänge werden zusammengefasst und als Verständnisfrage formuliert. Um ein möglichst umfassendes Bild zu generieren, sind offene Fragen[3] geeignet, wobei „warum" Fragen wegen ihres vorwurfsvollen Charakters unterbleiben sollten. Dabei kann in einem dreischrittigen Prozess vorgegangen werden: Zunächst wird der Istzustand, anschließend der Kundenwunsch ermittelt. Daraus kann der Kundenberater das Interesse an einer gemeinsamen Lösung entwickeln (vgl. Haas und Troschke 2007, S. 56). Notizen unterstreichen, dass der Kunde mit seiner Beschwerde ernst genommen wird, und sichern darüber hinaus ab, dass das Anliegen vollständig aufgenommen wird (vgl. Haas und Troschke 2007, S. 53 ff.). Methodisch empfehlen Stauss und Seidel (2014, S. 206) darüber hinaus, einen Perspektivwechsel vorzunehmen und Du-Botschaften zu unterlassen.

3.2.4 Problemlösungsphase

Mit dem Abschluss der Analyse können Lösungen gesucht werden. Der Kunde hat erfahren, dass sich der Berater individuell mit seinem Problem auseinandersetzt. Lösungsvorschläge können an dieser Stelle eher akzeptiert werden als zu Beginn des Gesprächs. Sollte die Erwartungshaltung nicht befriedigt werden können, baut der Kundenberater die „zu hohen Erwartungen" ab. Er begründet dies so, dass „beim Kunden Verständnis für die Position des Unternehmens geweckt wird", damit die Geschäftsbeziehung möglichst trotzdem fortgesetzt wird (Stauss und Seidel 2014, S. 204). Wie eine solche Gesprächsführung aussehen kann, führen die Autoren nicht aus. Haas und Troschke (2007) vertrauen darauf, dass in der positiven Atmosphäre des Gesprächs überzogene Forderungen des Kunden automatisch angepasst werden. Allerdings gehen sie so von einer Kausalität zwischen unerfüllbaren und überzogenen Kundenwünschen aus, die nicht zwangsläufig gegeben sein muss. So kann der Kundenberater unter Umständen ein angemessenes Anliegen nicht erfüllen, z. B. bei einem Garantiefall keine zeitnahe Reparatur wegen eines Lieferengpasses bei Ersatzteilen durchführen. Ein erfüllbarer

---

[3]Offene Fragen zeichnen sich dadurch aus, dass sie nicht mit „ja" oder „nein" beantwortet werden können. Sie sind Gesprächsförderer, in der Kundenbetreuung z. B. „Was darf ich für Sie tun?" oder „Womit darf ich weiterhelfen?" (vgl. Dietze 1997, S. 55).

Wunsch kann überzogen sein, wenn z. B. das Brautkleid zurückgegeben werden soll, obwohl es nachweislich bei der Hochzeit getragen wurde. Der Kundenberater unterbreitet, ggf. nach Rücksprache mit den Entscheidungsträgern der Organisation, einen klar und prägnant formulierten Lösungsvorschlag und versichert sich, dass der Kunde einverstanden ist. Dabei argumentiert er mit dem Kundennutzen und knüpft an die geäußerten Kundenwünsche an. Ziel ist eine Win-win-Lösung, um den Kunden zu binden. Wenn keine sofortige Lösung erzielt werden kann, ist ein konkreter Termin zu vereinbaren, der sorgfältig eingehalten werden muss (vgl. Haas und Troschke 2007, S. 56 ff.). Anschließend ist in der zuvor vorgestellten Weise zu verhandeln.

3.2.5 Abspannphase

Zum Abschluss des Gesprächs fasst der Kundenberater die erzielte Lösung zusammen und sichert sich ab, dass der Kunde die weitere Vorgehensweise verstanden hat und einverstanden ist. Die Verabschiedung beinhaltet den Dank und eine positive Formulierung über die Freude des Kundenberaters, das Problem gelöst zu haben (vgl. Stauss und Seidel 2014, S. 205; Haas und Troschke 2007, S. 62 f.).

3.3 Vergleich

Die Verfahrensstruktur der Mediation wurde aus den Erfahrungen der modernen Mediationsbewegung generiert und hat sich zu einem allgemein anerkannten Verfahren entwickelt. Ausgehend von der Komplexität eines Konflikts bietet die Struktur durch ihren logischen und chronologischen Aufbau Unterstützung und Orientierung für alle Beteiligten (vgl. Rosner und Winheller 2012, S. 39). Für Beschwerdegespräche gibt es ebenfalls Vorschläge, nach einer Gesprächsstruktur zu verfahren. Auch dieses Schema besteht aus fünf Phasen, deren Ziele denen des Mediationsverfahrens gegenübergestellt werden.

3.3.1 Phase 1: Einführung versus Begrüßungsphase

In der ersten Phase des Beschwerdegesprächs (Abb. 3.2) soll dem Kunden vermittelt werden, dass seine Beschwerde an- und ernstgenommen wird. Zieht sich

	Mediation: Einführung	Beschwerdegespräch: Begrüßungsphase
Ziel	• Vertrauen in Verfahren und Mediator aufbauen	• Bereitschaft zur Annahme der Beschwerde • Zuständigkeit („complaint ownership") signalisieren
	• sicheren Rahmen schaffen	
	• Beurteilung der Mediierbarkeit des Konflikts	

Abb. 3.2 Mediation/Beschwerdegespräch – Phase 1

der Kundenberater mit dem Beschwerdeführer zurück, gibt er der Beschwerde damit einen besonderen Rahmen. Dieser ist jedoch allein durch das Fehlen der Grundprinzipien des Mediationsverfahrens nicht mit dem Rahmen der Mediation vergleichbar. Eine Einführung in den Prozess des Beschwerdeverfahrens analog zur Vorstellung des Mediationsverfahrens findet nicht statt.

3.3.2 Phase 2: Bestandsaufnahme versus Aggressionsabbauphase

In dieser Phase erhält der Kundenberater erste thematische Anhaltspunkte, die Problemanalyse folgt aber erst später. Das Ziel ist allein der Aggressionsabbau beim Kunden. Die Definition dieser Aufgabe verdeutlicht dem Kundenberater, dass er dies auszuhalten hat. Von ihm wird ein hohes Maß an Emotionsmanagement gefordert, um die Belastung regulieren zu können. Stauss und Seidels (2014, S. 203) Anregung, so schnell wie möglich Verständnis oder eine Entschuldigung zu äußern, könnte als Automatismus wahrgenommen werden und dann ihren Deeskalationszweck verfehlen.

Auch in der Mediation dient die Themensammlung dazu, das Ventil zu öffnen, damit die Medianden ihren Emotionen Ausdruck verleihen können. Darüber hinaus werden in der Bestandsaufnahme die für die Mediation relevanten Themen erarbeitet und festgelegt, welches Thema zuerst behandelt werden soll (Abb. 3.3).

	Mediation: Bestandsaufnahme	Beschwerdegespräch: Aggressionsabbauphase
Ziel	• bereits in Phase 1	• konstruktive Gesprächs- atmosphäre herstellen
	• Darstellung der unterschiedlichen Positionen	
	• Ventil für Emotionen öffnen („Leitplanken" durch Mediator)	• Abholen auf der emotionalen Ebene • Ärger des Kunden auffangen
	• Struktur und Reihenfolge des Klärungsprozesses festlegen	
	• Transparenz des Konfliktes	

Abb. 3.3 Mediation/Beschwerdegespräch – Phase 2

3.3.3 Phase 3: Konfliktbearbeitung versus Konfliktbereinigungsphase

Während der Kundenberater das Problem mithilfe des Kunden analysiert, wird auf die Sachebene gewechselt. Auf dieser Ebene soll auch der Dreischritt vom Ist-Zustand über den Kundenwunsch zum Interesse an einer gemeinsamen Lösung vollzogen werden (vgl. Haas und Troschke 2007, S. 56; Abb. 3.4). Oboth und Weckert (2011, S. 132) verdeutlichen mit dem Eisbergmodell, dass Bedürfnisse und Interessen unter der Oberfläche, im „Fühlen", verankert sind. Sie können damit nur auf der emotionalen Ebene geklärt werden. Eine Analyse der Interessen auf der Sachebene kann nicht zum Erfolg führen. Auch der angeregte Perspektivwechsel ist nur über ein Einfühlen möglich und verpufft auf der Sachebene. Zwar erlaubt die variable Struktur des Beschwerdegesprächs einen situationsangepassten Wechsel auf die emotionale Ebene. Soll die Gesprächsstruktur aber als Orientierung für den Kundenberater dienen, fehlen konkrete Anhaltspunkte, die ihm die Wichtigkeit der Interessen verdeutlichen und wie er diese erarbeiten kann.

	Mediation: Konfliktbearbeitung	Beschwerdegespräch: Konfliktbereinigungsphase
Ziel	• bereits in Phase 2	• Kundenanliegen umfassend analysieren
	• bereits in Phase 1 mit der Entscheidung der Medianden für das Verfahren	• Interesse des Kunden an einer gemeinsamen Lösung wecken
	• Erkennen und Anerkennen von Unterschieden	
	• Verständnis für die Interessen der anderen Seite erarbeiten	• Perspektivwechsel des Kundenberaters (einseitig)
	• Interessen und Bedürfnisse hinter den Positionen erarbeiten	

Abb. 3.4 Mediation/Beschwerdegespräch – Phase 3

Im Gegensatz dazu ist die Interessenphase das Kernstück der Mediation, die den Wendepunkt im Konflikt einleitet. Eine saubere Trennung der Positionen von den dahinterliegenden Motiven ermöglicht, die Bedürfnisse und Interessen auf der emotionalen Ebene zu erarbeiten (vgl. Abb. 2.1).

3.3.4 Phase 4: Optionen und deren Bewertung versus Problemlösungsphase

Auch die vierte Phase des Beschwerdegespräches unterscheidet sich grundlegend von der Mediation (vgl. Abb. 3.5). Vom Kundenberater wird erwartet, dass er eine Lösung vorschlägt. Er hat dabei die Kundenerwartungen und die Erwartungen der Organisation gegeneinander abzuwägen. Häufig ist eine Abstimmung mit den Entscheidungsträgern in der Organisation erforderlich. Es bestehen Parallelen zur Shuttlemediation, bei der der Mediator zwischen den Medianden pendelt und die Botschaften und Vorschläge überbringt (vgl. Rosner und Winheller 2012, S. 54 f.). Im Unterschied hierzu wird der Kunde aber nicht um eigene Ideen

3.3 Vergleich

	Mediation: Optionen	Beschwerdegespräch: Problemlösungsphase
Ziel	• Entwickeln und Sammeln möglichst vieler Ideen	• Kundenberater stellt einen Lösungsvorschlag vor
	• bereits in Phase 3	• Verständnis für die Position der Organisation wecken
	• herkömmliche Denkmuster und Positionen aufbrechen	
	• neue Möglichkeiten entdecken	
	• Win-win-Lösungen (weiter-)entwickeln	• Verhandeln mit dem Ziel einer Win-win-Lösung
	• nach Abschluss: Lösungen gewichten nach Tragfähigkeit	
		• Kundenbindung

Abb. 3.5 Mediation/Beschwerdegespräch – Phase 4

gebeten, sondern lediglich nach seinem Einverständnis mit der Lösung gefragt. Hierbei würde sich eine unzureichende Interessenerarbeitung rächen. Die Lösung würde auf distributive Aspekte bzw. das klassische Basarhandeln begrenzt sein, weil der Kundenberater die Motive hinter den Positionen des Kunden nicht kennt. Bei einem erfolgreichen Gesprächsverlauf hat der Kundenberater die Interessen des Kunden trotzdem herausgearbeitet und in einer kongruenten Botschaft authentisch sein Verständnis vermittelt. Umgekehrte sollte um Verständnis des Kunden für die Interessen der Organisation jedoch nur dann gebeten werden, wenn die Kundenwünsche nicht erfüllt werden können (vgl. Stauss und Seidel 2014, S. 204). Gegenseitiges Verständnis wie in der Mediation wird damit nicht grundsätzlich angestrebt. Fiehler et al. (2002, S. 141) schlagen bei Kommunikationsproblemen für Reklamationsgespräche die „Explikation von Voraussetzungen, die wechselseitige Perspektivenübernahme und die Entwicklung gemeinsamer Zielsetzungen" als zentrale Lösungsverfahren vor. In der Phasenstruktur zum Beschwerdegespräch fehlt diese Ausrichtung.

Im klassischen Mediationsverfahren werden dagegen möglichst viele Lösungen von den Medianden entwickelt, aus denen im nächsten Schritt die beste(n) ausgewählt wird bzw. werden.

3.3.5 Phase 5: Vereinbarung versus Abspannphase

In dieser Phase ähneln die Strukturen einander (vgl. Abb. 3.6). Es geht um einen positiven Abschluss der Mediation bzw. des Konfliktgespräches. Der Kundenberater ist im Rahmen des „complaint ownership" bis zur endgültigen Abwicklung des Vorgangs verantwortlich, und auch für den Mediator ist nach der Abspannphase die Arbeit beendet, sofern keine entsprechenden Nachbereitungen vereinbart werden. Auch der Kundenberater kann Follow-up-Gespräche zur Qualitätssicherung initiieren.

3.3.6 Zusammenfassung

Der Vergleich zwischen den Phasen der Mediation und der konfliktären Kundenbetreuung zeigt naturgemäß Gemeinsamkeiten bei Gesprächseröffnung und -abschluss. Darüber hinaus beinhalten beide Strukturen Ansätze, die Emotionen,

	Mediation: Vereinbarung	Beschwerdegespräch: Abspannphase
Ziel	• Lösungsideen verhandeln, schriftlich formulieren, unterschreiben	
		• Qualitätssicherung: Wurde die Lösung richtig verstanden und ist der Kunde einverstanden?
	• konkrete Vereinbarungen treffen	• weitere Vorgehensweise abstimmen
	• Beendigung der Mediation	• positiver Gesprächsabschluss

Abb. 3.6 Mediation/Beschwerdegespräch – Phase 5

z. B. Aggression und Ärger, würdigen und eine Verarbeitung dieser ermöglichen. Auch Verhandlungselemente finden sich in beiden Modellen. Gleichzeitig bestehen gravierende Unterschiede im Gesprächskern. Insbesondere fehlt der Struktur zu Beschwerdegesprächen die Analyse der hinter den vorgebrachten Positionen liegenden Interessen und Bedürfnisse. Das Verharren auf der Sachebene in der Beschwerdeanalyse verhindert, dass Motive ergründet werden und tieferes Verstehen ermöglicht wird. Daraus entwickelte Lösungen können sich nur an Positionen, nicht an Interessen und Bedürfnissen ausrichten. Die gewünschte Kundenzufriedenheit und -bindung verlangt einen fundierteren Blick auf die Kundenwünsche. Erst damit würde das geäußerte Verständnis des Kundenberaters für das Kundenanliegen nicht als erlernter Automatismus empfunden, sondern als authentische und kongruente Botschaft erkannt. Zusätzlich zum verbesserten Kundenkontakt würden emotionale Dissonanzen reduziert und gesundheitsorientiertes Emotionsmanagement unterstützt: Der Kundenberater erarbeitet dann echtes Verständnis für die Situation des Kunden und muss weniger Emotionen vortäuschen. Mit dem Wissen um die Interessen und Bedürfnisse könnte der Kundenberater in der Lösungsphase viel zielgerichteter arbeiten. Im Gegenzug würde der Kunde Verständnis für die Interessen der Organisation und ggf. des Kundenberaters in seiner Rolle als Vertreter der Organisation aufbringen können. Dies ist notwendig, damit der Kunde sich vom positionsbestimmten, intuitiven Verhandlungsstil löst und eine Win-win-Lösung anstrebt (vgl. Haft und Stiefel 2008, S. 28). Wenn der Kunde die Motive der Organisation[4] erkennt, nach seinen Lösungsideen gefragt wird und dadurch an der Lösung mitwirken kann, arbeiten Kundenberater und Kunde auf Augenhöhe, eine Grundvoraussetzung für eine vertrauensvolle Beziehung.

Ein an das Mediationsverfahren angelehnter Gesprächsaufbau kann auf der Struktur „Beschwerdegespräch" aufbauen und ihre Lücken schließen. Um die Mediationsform mit den meisten Parallelen zum Beschwerdegespräch in der Kundenbetreuung zu ermitteln, wird zur Vervollständigung des Vergleichs das breite Spektrum von Mediation eingegrenzt.

3.4 Zielsetzung nach den Mediationsprojekten

Die Eingrenzung geeigneter Mediationsausrichtungen für ein konfliktäres Gespräch in der Kundenbetreuung referenziert auf die Mediationsprojekte von Breidenbach und Gläßer (2007, S. 18). Sie kategorisieren die Ausrichtung von

---

[4]Hilfreich ist ein entsprechendes Leitbild, das die Organisation tatsächlich auf allen Hierarchieebenen lebt (vgl. Stauss und Seidel 2014, S. 471).

Mediationen nach ihrem Metaziel in fünf Mediationsprojekte. Diese werden nachfolgend skizziert und dahin gehend bewertet, inwiefern ihre Methoden für ein Beschwerdegespräch adaptiert werden können.

3.4.1 Access-to-Justice-Projekt

Das Access-to-Justice-Projekt stellt eine gerechte Konfliktlösung in den Mittelpunkt der Mediationsverhandlung. Den Parteien sollen die Vorteile einer Konfliktbearbeitung gegenüber teuren, langwierigen Gerichtsverfahren verdeutlicht werden. Im Fokus steht die Absicht, benachteiligten und schwächeren Beteiligten eine einfachere Möglichkeit und Alternative zur Durchsetzung ihrer Rechtspositionen zu bieten (vgl. Breidenbach und Gläßer 2007, S. 20 ff.).

In diesem Buch wird von gleichberechtigten Geschäftsbeziehungen zwischen Kunden und Organisationen ausgegangen, die ihre Beziehung beenden oder weiterführen können (vgl. Abschn. 2.3.2). Die Ausrichtung des Mediationsprojekts hat damit keine Überschneidungen mit der Kundenbetreuung.

3.4.2 Individual-Autonomy-Projekt

Im Vordergrund des Individual-Autonomy-Projekts steht die Vermittlung von Konfliktregelungskompetenzen, womit die Mediation in die Nähe therapeutischer Verfahren rückt. Vor allem für stark emotionsbehaftete Konflikte bietet diese Ausrichtung Chancen für eine langfristig effiziente Regelung. Grundsätzlich kann die Mediationsform aber auch für Auseinandersetzungen in formellen Beziehungen geeignet sein (vgl. Breidenbach und Gläßer 2007, S. 22 ff., 63 ff.). Die Orientierung an den Interessen und der Autonomie der Konfliktparteien beinhaltet ein offenes Mediationsergebnis und nimmt den Druck, ein bestimmtes Ziel erreichen zu müssen. Der Zeitfaktor ist bei dieser Mediationsausrichtung zweitrangig.

Dagegen streben Kunde und Organisation eher eine schnelle, ökonomische Lösung an. Außerdem ist der dem Ansatz zugrunde liegende Erziehungsaspekt mit einer auf die Dienstleistung bzw. das Produkt begrenzten Kunden-Anbieter-Beziehung nicht vereinbar.

3.4.3 Social-Transformation-Projekt

In Mediationsverfahren nach dem Social-Transformation-Projekt wird versucht, mit der Bearbeitung eines konkreten, persönlichen Konflikts übergeordnete gesellschaftliche bzw. soziale Ziele einzubeziehen bzw. „[...] die Herstellung des Zusammenhangs zwischen konkreten Konflikten und Gemeinschaft" (Breidenbach und Gläßer 2007, S. 28). In der gemäßigten Form gibt der Mediationsprozess Anregungen, um die Medianden auf gesellschaftliche Verhältnisse und ggf. zur Konfliktlösung erforderliche Veränderungen aufmerksam zu machen (vgl. Breidenbach und Gläßer 2007, S. 27 ff., 58 ff.).

Mit diesem Buch wird keine tiefere ideologische oder gesellschaftliche Zielsetzung verfolgt. Gleichzeitig soll die Anwendung der Gesprächsstruktur verbesserte Geschäftsbeziehungen durch einen wertschätzenden Umgang nach sich ziehen. Vertreter des Social-Transformation-Projekts bezwecken jedoch eine Veränderung auf der Makroebene (Gesellschaft). Das Projekt ist daher nicht für die Gesprächsstruktur geeignet.

3.4.4 Service-Delivery-Projekt

Ziel dieses Modells ist es, effizient und schnell eine Einigung der Parteien herbeizuführen. Der gesamte Prozess wird der Schnelligkeit des Verfahrens untergeordnet: Emotionen gelten eher als Störfaktor und sollen vermieden werden, da die vertiefte Konfliktanalyse mit ihrer Suche nach den zugrunde liegenden Interessen und Konfliktursachen die Verhandlungen verlängern könnte. Eingriffe des Mediators in das Verfahren zur Abkürzung der Verhandlungen können die Selbstbestimmung der Medianden beeinträchtigen. Kritiker bemängeln Qualitätsverluste bei den Mediationsverhandlungen und -ergebnissen nach dem Service-Delivery-Projekt zugunsten des Faktors Zeit (vgl. Breidenbach und Gläßer 2007, S. 19, 46–51). Negative Emotionen werden zwar aufgenommen, die dahinterliegenden Interessen und Bedürfnisse aber nur nebenbei aufgegriffen.

Die Struktur des Beschwerdegesprächs nach Stauss und Seidel (2014) entspricht am ehesten dem Mediationsprojekt „Service Delivery". Mit dem Wunsch nach einer schnellen und ökonomisch effizienten Regelung von zumindest vordergründig sachorientierten Konflikten in der Kundenbetreuung wird in der nachfolgenden Gesprächsstruktur das dem Ansatz zugrunde liegende Harvard-Konzept[5]

---

[5]Das Harvard-Konzept ist „das Fundament der Verhandlungslehre und Mediationspraxis" (Rosner und Winheller 2012, S. 52). Die Grundprinzipien lauten: „Menschen und Probleme getrennt behandeln" (Fisher et al. 2001, S. 39), „[a]uf Interessen konzentrieren, nicht auf Positionen" (Fisher et al. 2001, S. 68), „[e]ntwickeln Sie [...] Optionen zum beiderseitigen Vorteil" (Fisher et al. 2001, S. 89) und „[b]estehen Sie auf der Anwendung neutraler Beurteilungskriterien" (Fisher et al. 2001, S. 121). Vertreter des Service-Delivery-Ansatzes legen das Konzept im Sinne eines rein sachgerechten Verhandelns aus.

berücksichtigt (vgl. Rosner und Winheller 2012, S. 387). Die mit dem Gesprächskonzept angestrebten verbesserten Geschäftsbeziehungen durch gegenseitige Wertschätzung werden mit einem rein sachbezogenen Verhandeln nicht erreicht.

3.4.5 Reconciliation-Projekt

Eine Mediation nach dem Reconciliation-Projekt zielt bei personenbezogenen Konflikten auf die Versöhnung der Parteien und die Stabilisierung ihrer Beziehung. Konzentriert sich die Verhandlung allein auf eine harmonische Beziehung, ist die Nachhaltigkeit des Mediationsergebnisses gefährdet, weil Konfliktursachen nicht hinreichend geklärt wurden. Nach einer offeneren Auslegung des Metaziels beginnt die versöhnliche Entwicklung bereits damit, dass die Beteiligten wechselseitig die Positionen der Gegenseite erkennen und anerkennen. Die Medianden erarbeiten die eigenen Positionen und können mithilfe des Mediators einen Perspektivwechsel vollziehen (Breidenbach und Gläßer 2007, S. 25 ff., 55 ff.).

Rosner und Winheller (2012, S. 57) sehen hier den Transformationsansatz verankert.[6] Dieses Lehrkonzept entstand als Gegenentwurf von Kritikern des rein sachgerichteten Verhandlungsstils in Mediationen nach dem Service-Delivery-Konzept. Es fokussiert auf die „Auseinandersetzung um gegenseitige Anerkennung, Identität und gesellschaftliche Stellung" (Kessen et al. 2011, S. 61). Soziale Lernprozesse und eine Veränderung des Umgangs miteinander werden durch die Mediation in Gang gebracht und als Metaziel gewertet.

Der Mediator unterstützt die Medianden dabei, ihre Interessen, Wünsche und Bedürfnisse so zu äußern und zu formulieren, dass die anderen Beteiligten sie verstehen können. Dieser Prozess wird als Empowerment[7] bezeichnet und geht einher mit dem Perspektivwechsel zu den Einstellungen und Meinungen des Andersdenkenden. Das Verstehen und Anerkennen (Recognition) dieser anderen Sichtweise ist die zweite Komponente im Prozess der Transformation. Dabei

---

[6]Rosner und Winheller (2012, S. 57) sehen auch Überschneidungen zum Individual-Autonomie-Projekt. So wird der Erfolg der Mediation vorrangig an dem Prozess („wie"), nicht an dem Inhalt der Vereinbarung („was") gemessen (vgl. Rosner und Winheller 2012, S. 387). Für die nachfolgende, ergebnisorientierte Gesprächsstruktur sind die Überschneidungen zum Reconciliation-Projekt maßgeblich.

[7]Empowerment ist hier abzugrenzen von der Verwendung dieses Begriffs im Rest dieses Buches. Außerhalb dieses Kapitels ist die Befähigung der Kundenberater zum Emotionsmanagement gemeint.

3.4 Zielsetzung nach den Mediationsprojekten

können sich die Parteien von der verengten Sichtweise des Konflikts lösen, Interessen können sich verändern oder anders bewertet werden (vgl. Kessen et al. 2011, S. 61 ff., Troja 2004, S. 23 ff.).

Diese offenere Definition des Projektziels kann auch im sozialen System Kundenbetreuung Anwendung finden. Gleichzeitig ist das Metaziel des Reconciliation-Projekts an personenbezogene Konflikte geknüpft. Diese sind bei einem Konflikt zwischen Organisation und Kunden (vgl. Abschn. 2.3.2) in der Dienstleistungstriade grundsätzlich nicht gegeben. Gleichzeitig wird der Erfolg der Kundenberatung an positive Kundenerfahrungen in den sozialen Interaktionen geknüpft. Durch den Kundenberater als Stellvertreter und persönlichen Ansprechpartner wird der personenbezogene Charakter der Kundenbeziehung verstärkt.[8] Die Verbesserung der Geschäftsbeziehungen auf der Meso- (Organisation) und Mikroebene (Kunde/Kundenberater) kann durch die Berücksichtigung von Empowerment und Recognition aus dem Transformationsansatz unterstützt werden. Kessen et al. (2011, S. 68, auch Rosner und Winheller 2012, S. 59 ff.) sehen die Möglichkeit, transformative Ansätze in das sachorientierte Verhandeln zu integrieren, um den vernachlässigten Aspekten Raum zu geben.

3.4.6 Zusammenfassung

In einem konfliktären Kundengespräch ist sowohl dem Kunden wie auch der Organisation daran gelegen, das Problem so schnell wie möglich zu lösen. Wie bereits erläutert, spielen Emotionen eine wichtige Rolle für die Kundenzufriedenheit und dürfen deshalb nicht vernachlässigt werden. Auf den ersten Blick scheinen sich sachorientiertes Verhandeln und die Berücksichtigung von Emotionen zu widersprechen. Um beiden Anteilen Raum zu geben, kann das sachbezogene und schnelle Verhandeln im Sinne des Service-Delivery-Projekts um Aspekte aus dem Transformationsansatz ergänzt werden. Insbesondere der Prozess des Verstehens und Anerkennens (recognition) der anderen Sichtweise durch Perspektivwechsel (vgl. Kessen et al. 2011, S. 61 ff.) wird dabei berücksichtigt.

---

[8]Dies ist ein ambivalentes Ziel, da sich die Organisation in der Austauschbarkeit ihrer Mitglieder einschränkt (vgl. Schimank 1997, S. 170 ff.). Konfliktpartner bleiben auch bei einer Verstärkung der persönlichen Beziehung Organisation und Kunde.

Literatur

Breidenbach, S., & Gläßer, U. (2007). *Die Selbstverantwortung der Konfliktparteien.* Hagen: FernUniversität Hagen.

Dietze, U. (1997). *Reklamationen als Chance nutzen.* Landsberg am Lech: Moderne Industrie.

Fiehler, R., Kindt, W., & Schnieders, G. (2002). Kommunikationsprobleme in Reklamationsgesprächen. In G. Brünner, R. Fiehler, & W. Kindt (Hrsg.), *Angewandte Diskursforschung, Bd. 1. Grundlagen und Beispielanalysen* (S. 120–154). Radolfzell: Verlag für Gesprächsforschung.

Fisher, R., Ury, W., & Patton, B. (2001). *Das Harvard Konzept. Sachgerecht verhandeln – erfolgreich verhandeln.* Frankfurt a. M.: Campus.

Haas, B., & Troschke, B. von. (2007). *Beschwerdemanagement. Aus Beschwerden Verkaufserfolge machen.* Offenbach a. M.: Gabal.

Haft, F., & Stiefel, C. (2008). *Verhandeln, Teil 2.* Hagen: FernUniversität Hagen.

Kessen, S., Troja, M., Zilleßen, H., Hehn, M., & Runkel-Hehn, S. (2011). *Mediation im öffentlichen Bereich, Teil 1.* Hagen: FernUniversität Hagen.

Oboth, M., & Weckert, A. (2011). *Mediation für Dummies.* Weinheim: Wiley.

Ponschab, R., Flechsig, A., & Schweizer, A. (2011). *Mediation und Litigation.* Hagen: FernUniversität Hagen.

Roner, T. A. (2008). *Kundenzufriedenheit. Beschwerdemanagement als Instrument zur Kundenbindung.* Hamburg: Diplomica.

Roschk, H. (2011). *Gerechtigkeit bei der Beschwerdebehandlung. Der moderierende Einfluss von Kunden- und Situationsmerkmalen.* Dissertation, Springer Gabler, Wiesbaden.

Rosenberg, M. B. (2009). *Gewaltfreie Kommunikation. Eine Sprache des Lebens.* Paderborn: Junfermann.

Rosner, S., & Winheller, A. (2012). *Mediation und Verhandlungsführung. Theorie und Praxis des wertschöpfenden Verhandelns – nicht nur in Konflikten.* Mering: Hampp.

Schimank, U. (1997). *Theorien gesellschaftlicher Differenzierung, Kurseinheit 1.* Hagen: FernUniversität Hagen.

Schweizer, A. (2007). *Konflikte und wie wir sie lösen.* Hagen: FernUniversität Hagen.

Spiegel, C., & Spranz-Fogasy, T. (2001). Aufbau und Abfolge von Gesprächsphasen. In K. Brinker, G. Antos, W. Heinemann, & S. F. Sager (Hrsg.), *Text- und Gesprächslinguistik. Handbücher zur Sprach- und Kommunikationswissenschaft* (S. 1241–1252). Berlin: De Gruyter.

Stauss, B., & Seidel, W. (2014). *Beschwerdemanagement. Unzufriedene Kunden als profitable Zielgruppe.* München: Hanser.

Troja, M. (2004). Transformative Wirtschaftsmediation in einem „reinen Dollarkonflikt". Ein Mediationsverfahren zwischen zwei Unternehmen im Anlagenbau. In *ZKM – Zeitschrift für Konfliktmanagement* (Bd. 01, S. 22–27).

Gesprächsstruktur mit mediativen Elementen für konfliktäre Kundengespräche

4

Die nachfolgende Gesprächsstruktur hat eine verbesserte Kundenzufriedenheit bei Konflikten sowie eine gesündere Arbeit für Kundenberater (Emotionsmanagement, vgl. Abschn. 2.3.1 und Kap. 5) zum Ziel.

Das an mediativen Elementen ausgerichtete Gesprächskonzept eignet sich besonders für vom Kunden als schwerwiegend wahrgenommene Beanstandungen. Denn „[…] faire Prozesse [sind] für Kunden, die sich über einen großen Fehler beschweren, wichtiger als für Kunden, die lediglich geringere Mängel beanstanden" (Roschk 2011, S. 165). Ein an die Mediation angelehntes Beschwerdeverfahren wird die in Abb. 4.1 genannten maßgeblichen Kriterien automatisch berücksichtigen.

Nimmt der Kunde die Beschwerdebearbeitung als fair wahr, kann er sich eher von einer zunächst feststehenden Verhandlungsposition lösen und akzeptiert auch ein Ergebnis, das seine ursprünglichen Erwartungen nicht vollständig erfüllt („just-procedure-effect", vgl. Rosner und Winheller 2012, S. 106).

Um die faire und kundenorientierte Ausrichtung nach innen und außen zu kommunizieren, bietet sich ein Leitbild mit der Bindung an ein entsprechendes Verhalten an. In den „display rules" sollte die „complaint ownership" für Beschwerden definiert werden, sodass der Kundenberater die Verantwortung für die Beschwerdebetreuung sofort übernimmt.[1] Dabei sollte das Risiko einer Überregulierung der „display rules" berücksichtigt werden. Standardisierungen von Gesprächsabläufen oder Formulierungen beschneiden den Kundenberater im

---

[1]Zur Entschärfung der „display rules" bei Angriffen des Kunden vgl. Kap. 5. Sollte die Beziehung zum Kunden gestört sein, können Ausnahmen mit dem Vorgesetzten besprochen werden.

Kriterium	Erläuterung
Entscheidungskontrolle	aktiv auf das Ergebnis der Beschwerdebearbeitung einwirken können
Prozesskontrolle	aktiv auf den Prozess der Beschwerdebearbeitung einwirken können
Interessenkonformität	Ausmaß gemeinsamer Interessen von Kunde und Unternehmen
Schnelligkeit	wahrgenommene Geschwindigkeit, mit der das Unternehmen auf die Beschwerde reagiert
Individualität/Konsistenz	zwei Extrempunkte eines Kontinuums, wonach die Beschwerde entweder individuell oder konsistent für alle Kunden gelöst wird
Ethik	Beschwerdeprozess entspricht den moralischen und ethischen Wertvorstellungen der Akteure

Abb. 4.1 Kriterien für einen fairen Prozess im Beschwerdeverfahren. (Quelle: Verkürzte Darstellung nach Roschk 2011, S. 40 f.)

authentischen Verhalten. Der Mix zwischen orientierungsfördernden Leitlinien und subjektive Fähigkeiten zulassenden Strukturen ist deshalb entscheidend. Holtgrewe und Kerst (2002, S. 11) sprechen vom notwendigen „Slack" der Organisation, der Autonomie respektive Handlungsspielraum zulässt.

Unterstützend wirkt, das Rollenbild des Kundenberaters als Konfliktvermittler im Beschwerdeprozess zu definieren. Die gleichberechtigte Geltung beider Seiten gibt Orientierung im Grenzstellendilemma (vgl. Abschn. 2.2.2) und führt dazu, dass der Kundenberater sich auf die Kundensicht konzentriert. Damit kann der loyale Kundenberater seinen Reflex, affektiv verteidigend Stellung für die Organisation zu beziehen, leichter hinter die im Beschwerdekontakt zunächst vorrangige Kundenorientierung zurückstellen.

Die Gefahr, dass Organisationen ein nur vordergründig faires Verfahren anbieten, um den Kunden mit einer unfairen Lösung zu übervorteilen, ist letztlich nicht auszuschließen. Wie auch in der Literatur zur Mediation von einem ethisch reflektierenden Mediator ausgegangen wird, setze auch ich eine kundenorientierte Ausrichtung der Organisation und Einstellung des Kundenberaters voraus.[2]

---

[2]Bereits im Auswahlverfahren sollten die kognitiven und emotionalen Herausforderungen an den Kundenberater berücksichtigt werden. Kommunikative Fähigkeiten sollten durch kontinuierliche Weiterbildungsmaßnahmen abgerundet werden.

4.1 Erste Phase: Gesprächseröffnung

In allen sozialen Interaktionen ist der erste Eindruck zentral für den weiteren Gesprächsverlauf. Kunden nehmen schnell auf, inwiefern der Kundenberater interessiert und serviceorientiert auf sie eingeht oder ob er eher lustlos, schlimmstenfalls genervt wirkt (vgl. Dietze 1997, S. 33, 39).[3] Eine freundlich einladende Begrüßung unter Beachtung der branchenüblichen Regeln ist damit essenziell. Mit der namentlichen Ansprache fühlt sich der Kunde persönlich wahrgenommen. Dietze empfiehlt, den Namen unabhängig vom Gesprächskanal mindestens dreimal zu nennen: zu Beginn, im Gesprächsverlauf und zum Abschied, jedoch nicht unangemessen häufig. Um den Namen während des Gesprächs nicht zu vergessen, ist eine Notiz hilfreich (vgl. Dietze 1997, S. 34 f.). Sollte der Kunde sein Anliegen nicht sofort vortragen, formuliert der Kundenberater eine offene Frage, bspw. „Was kann ich für Sie tun?", und signalisiert im persönlichen Kontakt mit Augenkontakt und einer zugewandten Körperhaltung seine Aufmerksamkeit. Im Regelfall kann der Kundenberater bereits an den nonverbalen Signalen erkennen, ob eine Beschwerde folgt. Kundenberater sollten also grundlegende Kenntnisse in nonverbaler Sprache erlernen.

Am Telefon ist eine freundliche unternehmensspezifische Meldung mit einer ruhigen Sprechgeschwindigkeit hilfreich, um zu vermitteln, dass sich der Kundenberater Zeit nimmt. Da der Kunde sich in der Regel mit seinem Namen meldet, kann der Kundenberater ihn namentlich begrüßen und sollte den (notierten) Namen im weiteren Gespräch erwähnen. Durch die fehlende visuelle Wahrnehmung der Körpersprache und Mimik kommt der paraverbalen Kommunikation am Telefon mehr Bedeutung zu. Dazu gehört das häufig genannte Lächeln (vgl. Dietze 1997, S. 29 ff.), aber auch eine aufrechte Körperhaltung, denn Signale werden z. B. auch durch lässiges Zurücklehnen oder gekrümmtes Sitzen übertragen. Bewegung und Gestik beleben die Stimmmelodie (vgl. Cerwinka und Schranz 2009, S. 39). Beim Redepart des Kunden sind mehr bestätigende Floskeln als in einem persönlichen Gespräch zu senden. Diese Besonderheiten am Telefon gelten für alle Gesprächsphasen, die angeführten Methoden sind sowohl im persönlichen als auch im telefonischen Kontakt anwendbar.

---

[3]Die Gesprächsstruktur „Beschwerdegespräch" findet sich in ihren Phasen erstmalig bei Dietze (1997). Aus seiner Publikation werden einige Anregungen wieder aufgenommen, die in der aktuellen Literatur zum Beschwerdegespräch nicht weitergeführt wurden.

4.2 Zweite Phase: Bestandsaufnahme

Der Kunde wird jetzt je nach seiner Persönlichkeit entweder sofort seine Beanstandungen vortragen oder ankündigen, dass er sich beschweren möchte. Im zweiten Fall eröffnet sich dem Kundenberater die komfortable Situation, dass er den Kunden sofort in eine ruhigere Umgebung bitten kann. Der Kunde darf am Besprechungstisch den Platz wählen oder erhält einen Platz mit der schützenden Wand im Rücken und einem freien Fluchtweg. Um die Wirkung einer Konfrontation zu vermeiden und den partnerschaftlichen Ansatz von Anfang an zu betonen (vgl. Oboth und Weckert 2011, S. 92; Schwing und Fryszer 2010, S. 274), platziert sich der Kundenberater, sofern möglich, im 90°-Winkel zu ihm, keinesfalls jedoch gegenüber. Ein Getränk anzubieten, betont die Bereitschaft des Kundenberaters, sich Zeit für das Gespräch zu nehmen. Damit sind die äußeren Bedingungen für eine konstruktive, angenehme Gesprächsatmosphäre geschaffen. Persönliche Voraussetzungen seitens des Kundenberaters sind erneut eine offene Körpersprache, ruhiges Auftreten, Interesse am Kunden und dessen Anliegen sowie authentische Freundlichkeit.

Mit einer gesprächsfördernden offenen Frage beginnt der Kundenberater die Analyse, z. B. „Frau XY, was ist passiert, das Sie verärgert hat?" Wenn der Kunde jetzt seinem Ärger Ausdruck verleiht, darf er ausreden. Für den Kundenberater ist dies vor allem dann herausfordernd, wenn er mit Vorwürfen und Anschuldigungen konfrontiert wird. Strategien des Emotionsmanagements sind erforderlich, um weiter offen zugewandt zuhören. Dem Berater sollte daher bekannt sein, dass der Kunde bei seiner Interpretation der Sachlage Emotionen mit den eingenommenen Positionen vermengen wird (vgl. Fisher et al. 2001, S. 31, auch Duss-von Werdt 2013, S. 34 ff.). Eine Empfehlung des Harvard-Konzeptes lautet, sich in einer schwierigen Gesprächssituation die eigenen und die Emotionen des anderen zu vergegenwärtigen (vgl. Fisher et al. 2001, S. 55). Die erste Maxime des Konzeptes „Menschen und Probleme getrennt voneinander behandeln!" (Fisher et al. 2001, S. 39) kann den Kundenberater sowohl im besseren Kontakt zum Kunden als auch zu sich selbst unterstützen.[4] Nimmt er den Kunden in der Kontroverse weiter als Partner (Menschen) wahr, kann er die Empörung und das Anliegen

---

[4]Vertreter des Service-Delivery-Projekts interpretieren diese Maxime so, dass Emotionen aus dem Prozess herauszuhalten sind (vgl. Rosner und Winheller 2012, S. 56 f.). Hier wird sie dem Transformationsansatz entsprechend so bewertet, dass Emotionen den Konflikt und – in dieser Phase besonders interessant – die Positionen prägen und deshalb auf jeden Fall im Prozess berücksichtigt werden müssen (vgl. Rosner und Winheller 2012, S. 58 ff.).

4.2 Zweite Phase: Bestandsaufnahme

(Problem) des Kunden losgelöst von dessen Person sehen (vgl. Fisher et al. 2001, S. 66). Die professionelle Abgrenzung ermöglicht ihm, kundenorientiert zu handeln, statt defensiv oder aggressiv zu reagieren.

Fiehler et al. (2002, S. 148 ff.) haben in ihrer empirischen Untersuchung von Reklamationsgesprächen herausgefunden, dass Kundenberater die emotionale Ebene des Gesprächs häufig vernachlässigten. Berater und Kunden begegneten sich außerdem auf unterschiedlichen Kommunikationsebenen: Reagiere der Kundenberater mit sachlicher Kommunikation auf die alltagsübliche Problemschilderung des Kunden, komme es häufig zu einer zyklischen Gesprächsstruktur mit Selbstanknüpfung. Der Kunde glaube, der Kundenberater habe ihn nicht richtig verstanden und wiederhole sein Anliegen, während der Kundenberater seinerseits seine Lösungsidee wiederhole. Dies ist zum einen ineffizient, weil es das Gespräch unnötig verlängert. Zum anderen gefährdet es den Fortbestand des sozialen Systems Kundenbetreuung, weil die Anschlussfähigkeit, die Autopoiese, nicht mehr gegeben ist (vgl. Abschn. 2.2). Kundenberater benötigen daher neben dem Wissen über die Wichtigkeit der Emotionen ein Portfolio an geeigneten Methoden, mit denen sie diese Gesprächsebene zufriedenstellend klären können.

In der Mediation gilt das aktive Zuhören, eine von der Kommunikationswissenschaft adaptierte Methode aus der Psychotherapie, als präferierte Methode, um die Positionen wie auch Emotionen der Konfliktpartner aufzunehmen (vgl. Fisher et al. 2001, S. 61; Oboth und Weckert 2011, S. 94, 139 ff.; Rosner und Winheller 2012, S. 74). Thomas Gordon entwickelte nach Carl Rogers Modell nondirektiver Gesprächsführung[5] einen Prozess unterschiedlicher Stufen des Zuhörens. Die erste Stufe ist das aufnehmende Zuhören mit Aufmerksamkeitsreaktionen. Der Empfänger der Botschaften ist zugewandt, hält Augenkontakt und zeigt mit einem leichten Kopfnicken, dass er interessiert und aufmerksam ist. Zusätzlich unterstützen Floskeln („ja", „mhm" usw., vgl. Weisbach und Sonne-Neubacher 2013, S. 37 ff.).[6]

Mit der ersten Stufe des aktiven Zuhörens begegnet der Kundenberater adäquat den bei Konflikten üblichen negativen Emotionen des Kunden wie Ärger oder Enttäuschung. Dabei sollte er sich Notizen machen, um die häufig in der Aufregung schnell gesprochenen Informationen aufzunehmen.

---

[5]Im Original: Gordon (2005, S. 79 ff.), für die weiteren Ausführungen wird mit der Adaption in Mediation und Kommunikationswissenschaften nach den entsprechend angegebenen Quellen weitergearbeitet.

[6]Die Autoren differenzieren das „aufnehmende Zuhören" vom „Ich-verstehe-Zuhören" oder auch „Pseudo-Zuhören", bei dem der Zuhörer lediglich eine Gesprächspause abpasst, um selbst das Wort zu ergreifen (vgl. Weisbach und Sonne-Neubacher 2013, S. 35 f.).

Dies gilt auch, wenn der Kunde sein Anliegen ggf. emotional und aufgebracht im Beisein anderer Kunden vorbringt. Der Kunde darf ausreden. Erst in einer geeigneten Gesprächspause sollte der Berater den Kunden in einen separaten Besprechungsraum bitten, ansonsten besteht die Gefahr, dass er sich abgeschoben fühlt. Den richtigen Zeitpunkt für seinen Einsatz erkennt der Kundenberater entweder an einer an ihn gerichteten Frage oder an der Aufnahme des Blickkontakts, die in der Regel mit einer Andeutung eines Kopfnickens einhergeht (vgl. Weisbach und Sonne-Neubacher 2013, S. 59). Am Telefon ist eine kurze Pause auszuhalten, bevor der Kundenberater übernimmt.

Nach dem aufnehmenden Zuhören arbeitet der Kundenberater in beiden beschriebenen Konstellationen sinnvoll auf der nächsten Stufe des aktiven Zuhörens weiter. Dazu gehört, die bisher vorgetragenen Aspekte mit eigenen Worten zusammenzufassen. Weisbach und Sonne-Neubacher (2013, S. 43 ff.) bezeichnen sie als „umschreibendes Zuhören". Eine Einstiegformulierung verdeutlicht dem Kunden, dass das Zusammenfassen der Absicherung des Verständnisses dient (z. B.: „Habe ich Sie richtig verstanden, dass ..."). Der Kunde kann nun seinerseits überprüfen, ob der Kundenberater alle wesentlichen Aspekte aufgenommen und nachvollzogen hat. Das umschreibende Zuhören klärt das Problem, also die Sachebene.

Gleichzeitig spricht der Kundenberater die mitschwingenden Emotionen an. Dies kann gemeinsam mit der Zusammenfassung erfolgen (z. B. „Sie sind richtig verärgert, weil ..." oder „Habe ich Sie richtig verstanden, dass ... und jetzt sind Sie enttäuscht?"). Zum Ende des Satzes wird die Stimme auch bei Aussagesätzen fragend angehoben, um die Bestätigung bzw. Ablehnung des Kunden einzuholen.

Wenn der Kundenberater die Aussagen des Kunden in eigene Worte fasst, kann er die Formulierungen bereits so wählen, dass Vorwürfe und Beleidigungen entschärft werden, und paraphrasierend auf die ressourcen- und zukunftsorientierten Anteile fokussieren. Zum Beispiel kann die Kundenaussage: „Versprechen können Sie alles. Aber wehe, man ist auf Sie angewiesen.", aufgenommen werden mit: „Sie sind enttäuscht, weil Sie sich auf eine frühere Lieferung verlassen haben?" Entscheidend ist die stimmige nonverbale Begleitung, damit eine solche Aussage bedauernd verständnisvoll statt therapeutisch distanziert wirkt. Statt eines verfrühten Schuldeingeständnisses zeigt der Kundenberater echtes Verständnis für den Ärger des Kunden. Dies erfordert ehrliches Interesse, damit die Reaktionen kongruent und authentisch bleiben (vgl. Schulz von Thun 2011, S. 63 f.). Der Kunde kann die benannten Emotionen genauso wie Inhalte der Zusammenfassung ablehnen oder bestätigen. Auf das quadratische Kommunikationsmodell von Schulz von Thun (2011, S. 27 ff.) bezogen klärt diese Stufe des aktiven Zuhörens die Ebene der Selbstkundgabe.

4.2 Zweite Phase: Bestandsaufnahme

Nach Schulz von Thun (2011, S. 63 f.) neigt das auf die Ebene der Selbstkundgabe geschulte Ohr dazu, Botschaften auf der Beziehungs- und Appellebene zu überhören. Der Kundenberater sollte daher auf die Zwischentöne der Kundenaussagen achten, um sie umfassend zu decodieren. So kann er auch die Botschaften auf der Appell- und Beziehungsebene hinsichtlich der Kundenerwartungen und zur Beziehung zwischen Kunden und Organisation respektive Kundenberater aufnehmen und spiegeln. In Abb. 4.2 ist der Zusammenhang zwischen dem Kommunikationsquadrat und aktivem Zuhören dargestellt.

Sollte der Kunde bei den Vorwürfen verharren, ohne dass eine thematische Klärung erfolgt, sind weitere offene Fragen möglich, z. B. „Frau XY, ich höre, Sie sind richtig sauer auf uns. Bitte lassen Sie mich wissen, worüber Sie sich so sehr ärgern!" Sich von der Fachsprache zu lösen und auf die Alltagssprache des Kunden einzulassen, gehört zu den Techniken des Pacings, d. h. „[…] sich dem Gegenüber emphatisch zu nähern, Beziehungen herzustellen und Vertrauen zu fördern […]" (Auferkorte-Michaelis und Michaelis 2007, S. 39).

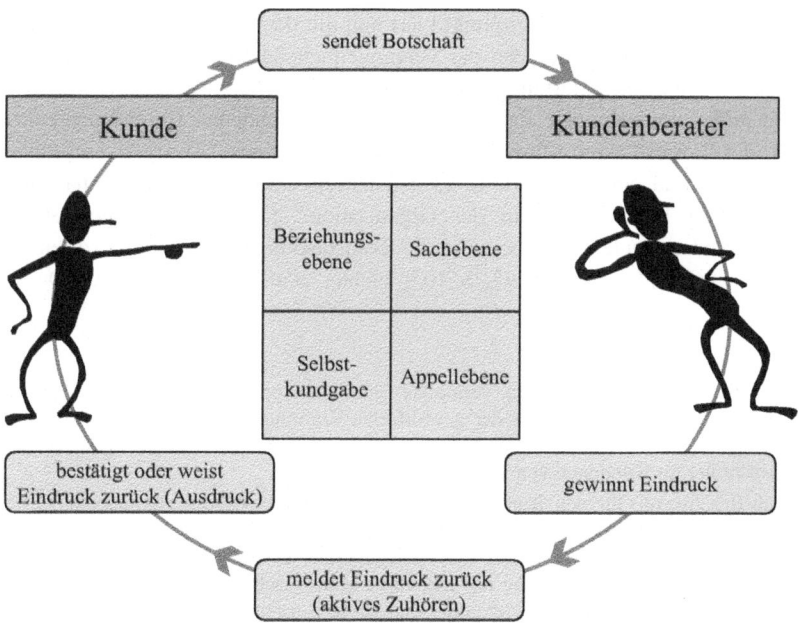

Abb. 4.2 Kommunikationsquadrat und aktives Zuhören. (Quelle: In Anlehnung an Schulz von Thun 2011, S. 27 ff.; Gordon 2005, S. 79 ff.)

Der geübte Einsatz der Methoden und Techniken entlastet von dem Gefühl des persönlichen Angriffs. Mit aktivem Zuhören lässt sich der Kundenberater die Sachinformation und die damit verbundene Emotion bestätigen.[7] Schließt der Kunde seine Schilderung ab, ist der richtige Zeitpunkt für eine Verständnisformulierung oder eine Entschuldigung (vgl. Dietze 1997, S. 82).

Dazu ist nicht erforderlich, dass der Kundenberater die gleiche Sicht wie der Kunde einnimmt oder die Schuld auf sich bzw. die Organisation nimmt. Es reicht aus, dass er das Problem umfassend analysiert hat, die dadurch ausgelösten Emotionen erkennt, damit auf den konkreten Anlass Bezug nehmen und die Emotionen angemessen würdigen kann (vgl. Dietze 1997, S. 71 ff.). Abweichend vom Mediationsverfahren werden Positionen der Organisation nicht abschließend bearbeitet (siehe hierzu Abschn. 4.7). Tatsächlich bestand für die Organisation bis zur Beschwerde des Kunden noch kein Konflikt, weshalb der Kunde zwangsläufig im Mittelpunkt der Problemeruierung steht. Da Beschwerden nur zu einem sehr geringen Anteil mit betrügerischer Absicht erfolgen, ist die subjektive Berechtigung grundsätzlich anzuerkennen (Stauss und Seidel 2014, S. 228). Mit einem Hinweis, dass der Kundenberater die genauen Umstände seitens der Organisation zu einem späteren Zeitpunkt klärt und mit dem Kunden besprechen wird, können Kunde und Berater von der vergangenheitsbezogenen mit der zukunfts- oder auch lösungsorientierten Beschwerdebearbeitung beginnen.

Bei einer vom Kunden als schwerwiegend empfundenen Beschwerde[8] informiert der Berater über seine Verantwortlichkeit in dem Anliegen („complaint ownership") und eine strukturierte Vorgehensweise, z. B. den institutionalisierten Umgang mit Beschwerden in der Organisation.[9] Die größte Sorge des sich beschwerenden Kunden ist, dass auf seine Beanstandungen nicht oder unzureichend reagiert wird (vgl. Dietze 1997, S. 103; Fiehler et al. 2002, S. 142 ff.). Deshalb

---

[7]Um Kundenberater zu ermutigen, vermutete Emotionen zu benennen, sind die Auflistungen nicht wertender Gefühle aus der gewaltfreien Kommunikation hilfreich (vgl. Rosenberg 2009, S. 62 ff.). Das Kommunikationskonzept an sich fließt hier nicht ein, um eine Überfrachtung für Kundenberater zu vermeiden.

[8]Ist die Beschwerde für den Kunden nicht schwerwiegend, sollte der Kundenberater auf einen kundenorientierten effizient schnellen Abschluss des Gesprächs hinarbeiten. Die Anregungen werden aufgenommen, der Kundenberater entschuldigt sich ggf. und bietet eventuell eine rasche Regulierung an. Jedoch ist jede Beschwerde ernst zu nehmen! Um sich abzusichern, kann der Kundenberater den Kunden fragen, ob er die Aufnahme seiner Beanstandung ins Beschwerdemanagement wünscht.

[9]Ein normiertes Beschwerdemanagement beinhaltet eine Festlegung der Prozesse inklusive des zeitlichen Ablaufs (vgl. Stauss und Seidel 2014, S. 176 ff.).

bietet dieses gleichzeitig persönliche und organisationsinterne Versprechen des Kundenberaters, sich verantwortlich des Kundenanliegens anzunehmen und es strukturiert im transparent darzustellenden Beschwerdemanagement zu bearbeiten, den sicheren Rahmen für seine Beschwerde. Dies wird meist zu der kooperativen Haltung führen, die für die weitere Klärung des Sachverhalts hilfreich ist.

4.3 Dritte Phase: Interessen und Bedürfnisse

Bei der Übersetzung dieser Gesprächsphase aus der Mediation in die Kundenbetreuung ist auf eine stimmige Umsetzung zu achten. Gleitet die Gesprächsführung in ein Psychologisieren ab (vgl. Schulz von Thun 2011, S. 304 ff.), ist dies nicht nur unangebracht und ruft Widerstand bei den meisten Kunden hervor, sondern würde die Gespräche ohne einen Nutzen für Kunde und Organisation ineffizient verlängern (vgl. Rosner und Winheller 2012, S. 69). Werden die Interessen und Bedürfnisse jedoch nicht ausreichend berücksichtigt, kann es keine Win-win-Lösung geben (vgl. Abschn. 3.4.6). Auf diesem Grat wandert der Kundenberater, wenn er die Ebene angemessen und kundenorientiert erarbeitet.

Nach der Bestandsaufnahme, in der der Kunde den überwiegenden Gesprächsanteil hatte, wird dieser eine Reaktion des Kundenberaters erwarten. Ein guter Start in die Phase kann daher sein, über die Interessen der Organisation hinsichtlich des Kunden zu sprechen (vgl. Fisher et al. 2001, S. 80 f.). Im Anschluss an die Entschuldigung bzw. Verständnisformulierung und die Erklärung des Beschwerdeablaufs können aus Sicht der Kundenberater selbstverständliche Anliegen ausgesprochen werden. Dazu gehört z. B. dass die Organisation sehr daran interessiert ist, die Geschäftsbeziehung mit dem Kunden weiterzuführen. Wirtschaftlichen Erfolg kann die Organisation nur über tragfähige, langfristige Kundenbeziehungen sichern, weshalb sie besorgt ist, wenn Kunden unzufrieden sind. Deshalb möchte sie für die Wiederherstellung der Kundenzufriedenheit arbeiten. Auch der Wunsch nach einem partnerschaftlichen Umgang im Konflikt und das (fehlende) Vertrauen des Kunden in die Beschwerdebearbeitung können angesprochen werden. Was nur sehr allgemein dargestellt werde kann, ist vom Kundenberater mit Leben zu füllen, an der konkreten Situation festzumachen und nicht abschließend. Versteht der Kunde, dass die Organisation allein durch die Interdependenz der Geschäftspartner ein eigenes Interesse an seiner Zufriedenheit hat und offen für seine Bedürfnisse ist, wird er sich für den weiteren Prozess einfacher öffnen können. Erfolgen weitere Vorwürfe des Kunden, ist noch einmal in die letzte Phase zurückzugehen, bis sinnvoll auf der Interessenebene weitergearbeitet werden kann.

Bedürfnisse, die schon in der zweiten Phase offenkundig geworden sind, kann der Kundenberater aufgreifen, spiegeln und vom Kunden bestätigen lassen (aktives Zuhören).[10] Durch Paraphrasieren werden die Aussagen positiv in echte Bedürfnisse umformuliert.[11] So verlockend es sein mag, sich damit zufriedenzugeben, so vorsichtig sollte der Kundenberater mit einer vorschnellen Komplexitätsreduzierung umgehen: Häufig handelt es sich nur um die Spitze des Eisbergs. Erst durch die Erkenntnisse, die in dieser Phase gewonnen werden, kann der Kundenberater einschätzen, ob es sich – wie meist automatisch in Geschäftsbeziehungen angenommen – um einen reinen Sachverhaltskonflikt[12] handelt. Denn zusätzlich geht es „häufig auch um persönliche Anliegen und die damit assoziierten normativen Erwartungen […]" (Montada 2012, S. 18). Der Kunde hat diese Bedürfnisse durch seine Fokussierung auf den Kampf um Positionen oft selbst nicht vor Augen. Geeignet sind Fragen wie „Was ist/war Ihnen dabei besonders/ noch wichtig?", „Welche Bedenken sollten wir berücksichtigen und ausräumen?" oder „Was sollten wir für eine Klärung zusätzlich wissen/berücksichtigen?" Bei den Fragestellungen sind Fragen nach dem „Warum" zu vermeiden. Denn sie „[…] verlangen […] vom anderen eine Begründung, eine Rechtfertigung für sein Handeln […]" (Weisbach und Sonne-Neubacher 2013, S. 151) und sind damit in die Vergangenheit gerichtet. Stattdessen fragt das „Wozu" nach dem Ziel und der Absicht einer Handlung (vgl. Rosner und Winheller 2012, S. 42; Weisbach und Sonne-Neubacher 2013, S. 282).

Durch Nachfragen (z. B. „Können Sie mir ein Beispiel dafür geben?" oder „Was hat das für Sie bedeutet?") oder weiteres Paraphrasieren („Sie möchten sich einfach sicher sein/darauf verlassen können, dass …" oder „…und wenn Sie uns kontaktieren, erwarten Sie einfach, dass wir Ihnen respektvoll begegnen …")

---

[10]Beispiel: Der Kunde hat bei der Anwendung eines gewarteten Elektrogerätes einen Stromschlag erlitten, weil eine schützende Isolierung fehlte. Auch mit wenig Empathie wird der Kundenberater erkennen, dass das Grundbedürfnis nach Sicherheit und physischer Unversehrtheit verletzt wurde. Dahinter werden aber noch weitere Interessen berührt sein, z. B. Vertrauen, Wertschätzung (Rücksichtnahme, Ehrlichkeit) usw., die die Empörung hervorgerufen haben.

[11]Ein Hilfsmittel für Kundenberater ist die Bedürfnisliste von Rosenberg (2009, S. 216 f.).

[12]Dieser liegt vor, wenn die Beteiligten eine Sachlage unterschiedlich interpretieren. Die Ursachen liegen in Fehlinformationen oder Mangel an Informationen, unterschiedlicher Wertschätzung oder unterschiedlicher Bewertung und Einschätzung der Fakten und Daten (vgl. Auferkorte-Michaelis und Michaelis 2007, S. 19). Neben Sachverhaltskonflikten führen Auferkorte-Michaelis und Michaelis (2007, S. 15 ff.) Wertekonflikte, Beziehungskonflikte, Interessenkonflikte und Strukturkonflikte an.

vervollständigt sich das Bild für den Kundenberater, aber auch für den Kunden. Durch den emphatischen, auf Achtung und Respekt beruhenden Dialog hat sich das soziale System der Kundenbetreuung autopoietisch in Richtung einer konsensorientierten Verhandlung weiterentwickelt. Dabei fließt der Aspekt der selbstklärenden Wirkung von Kommunikation ein: Dem Kunden waren die Gründe hinter den Positionen möglicherweise nicht bewusst. Erst durch das wertschätzende Gespräch kann er die Denkrichtung ändern und den Horizont erweitern (vgl. Auferkorte-Michaelis et al. 2007, S. 65 f.). Umso mehr sollte der Kundenberater die Interessen des Kunden mit Verständnis würdigen. An dieser Stelle können gemeinsame Interessen, wie z. B. fortbestehende Geschäftsbeziehungen oder die Zufriedenheit des Kunden mit der Leistung der Organisation, betont werden.

4.4 Vierte Phase: Lösungen

Mit einer Überleitung zur Lösungsfindung wird der Kunde jetzt gebeten, seine Wünsche und Lösungsoptionen darzustellen. Möglicherweise reagiert er überrascht, wenn er entgegen der gängigen Praxis aktiv in die Lösungsphase eingebunden wird und zunächst noch kein Angebot erhält. Um zu erreichen, dass er sich ernsthaft darauf einlassen kann, sind z. B. paradoxe (z. B. „Was würde Ihren Ärger noch verschlimmern?")[13] und lösungsorientierte Fragen (z. B. „Was müsste passieren, damit wir weiter gut zusammenarbeiten können?" oder „Stellen Sie sich vor, wir hätten uns schon geeinigt. Wie sähe die bestmögliche Lösung aus?") geeignet. Zirkuläre Fragen motivieren den Kunden, die Interessen der Organisation bereits in seine Ideen einzubeziehen, z. B. „Wenn Sie jetzt an meinem Platz säßen, was würden Sie als Lösung vorschlagen?" Als weitere Kreativitätsmethode ist auch ein Brainstorming abhängig vom Kundentyp möglich: „Bitte lassen Sie jetzt mal alles andere beiseite und sprechen Sie einfach aus, welche möglichen Lösungen Ihnen spontan einfallen." Der Kundenberater notiert die Vorschläge und lässt sie unbewertet stehen. Nachdem Positionen, Emotionen, Interessen und jetzt auch die Lösungswünsche offengelegt sind, ist die Kundensicht auf die Umstände der Beschwerde vollständig erarbeitet.

Sofern alle wesentlichen Informationen unmittelbar beschafft werden können, kann der Kundenberater die abschließende Beschwerdebearbeitung einleiten.

---

[13] „Paradoxe Fragen […] bergen […] das Potenzial, die Möglichkeiten der aktiven Einflussnahme auf das Geschehen […] zu identifizieren. Es können dadurch eigene Anteile und Handlungsmöglichkeiten erhoben werden" (Proksch 2014, S. 81).

Ansonsten ist eine Unterbrechung des Gesprächs erforderlich.[14] In diesem Fall wird das weitere Vorgehen mit dem Kunden erörtert und ein neuer Gesprächstermin, telefonisch oder persönlich, verbindlich abgesprochen. Der Kundenberater nimmt Kontakt mit dem Backoffice/Backbereich auf und klärt die Organisationsseite. Durch die umfassende Analyse der Kundensicht weiß er, worum es dem Kunden wirklich geht und welche Interessen mit einer Lösung abgedeckt werden müssen. Dabei sollte sichergestellt sein, dass der Kundenberater im eigenen Hause nicht um eine kundengerechte Lösung kämpfen muss, sondern in allen Organisationsbereichen ökonomisches und kundenorientiertes Denken verankert ist. Sind Expertengutachten erforderlich oder verzögert sich die Klärung, ist dies dem Kunden mitzuteilen. Die Organisation sollte die Entwicklung der Lösungsoptionen an objektiven Kriterien orientieren. Diese Kriterien können dem Kunden später mit dem Lösungsvorschlag als entscheidungsrelevant vorgetragen werden, wie z. B. die lange Dauer der Kundenbeziehung oder die Ermittlung der Schadenhöhe (vgl. Fisher et al. 2001, S. 121 ff.). Das Angebot wird damit transparent und eher als fair akzeptiert. Unbedingt vermeiden sollte der Kundenberater dagegen, Interna wie z. B. den Kundenwert (vgl. Stauss und Seidel 2014, S. 237 f.) mit dem Kunden zu diskutieren.

Bei der Wiederaufnahme des Gesprächs ist an die Vorgespräche und die vertrauensvolle Atmosphäre anzuknüpfen. Einleitend kann der Kundenberater nachfragen, wie es dem Kunden nach dem ersten Gespräch ging und wie es ihm heute geht. Im Anschluss erläutert er Ziel und Vorgehen des zweiten Gesprächs und holt das Einverständnis des Kunden dazu ein. Nach einer kurzen Zusammenfassung des erarbeiteten Kundenanliegens erläutert er, welches Ergebnis die organisationsinterne Recherche ergeben hat. Gemeinsame Interessen werden betont (Fisher et al. 2001, S. 109 ff.). Bei einer subjektiv wie objektiv berechtigten Beschwerde erklärt der Kundenberater den Fehler, bietet eine vollständige Regulation an und entschuldigt sich. Doch auch bei der subjektiv berechtigten, aber objektiv unberechtigten Beschwerde empfehlen Stauss und Seidel (2014, S. 228 ff.) eine Kulanzregelung. Die Situation ist dem Kunden zu erklären, z. B.:

> Wir haben die Zusammenhänge noch einmal genau betrachtet. Es ist ärgerlich, dass Sie (Grund der Beschwerde) und dadurch (Folge durch die Nichterfüllung der Kundenerwartung). Aus unserer Sicht war (Versäumnis/Missverständnis des Kunden; bitte nicht wertend formulieren), weil … Das Missverständnis war völlig

---

[14]Dietze (1997, S. 87) empfiehlt die „Zwei-Gespräche-Methode", um in Ruhe den Sachverhalt klären zu können und die emotionale Beruhigung des Kunden durch die Zeit zu nutzen.

4.4 Vierte Phase: Lösungen

unbeabsichtigt und es tut uns sehr leid. Es ist uns wichtig, Sie weiterhin als zufriedenen Kunden betreuen zu dürfen. Deshalb haben wir ein Angebot erarbeitet, das ich Ihnen vorstellen möchte …

Stauss und Seidel (2014, S. 218) begrenzen „die Wahl der jeweiligen Reaktionsform[15] […] durch güterspezifische Gegebenheiten […] und Kostenüberlegungen […]". Die aktive Mitarbeit des Kunden an der Lösungsfindung kann das Spektrum erweitern, garantiert, dass seine Interessen in die Entscheidung einfließen und hat im Optimalfall dazu geführt, dass der Kunde Organisationsinteressen bei seinen Ideen berücksichtigt hat. Oft ist der Kunde bei objektiv unberechtigten Beschwerden bereits mit einer immateriellen Reaktion, wie einer aufrichtigen Entschuldigung und dem Dank für die Beschwerde, die als Anregung für einen verbesserten Ablauf angenommen wird, zufrieden. Das faire Verfahren führt zur Kooperation im Sinne des „just-procedure-effects" (vgl. Rosner und Winheller 2012, S. 106, Beispiel von Dietze 1997, S. 78 f.).

Kann eine Idee des Kunden umgesetzt werden, sollte der Kundenberater seine Freude darüber kommunizieren. Wird von den Kundenvorschlägen abgewichen, erklärt der Kundenberater, in welchem Bereich und warum der Lösungsidee nicht entsprochen werden kann. Die erarbeiteten Alternativen sollte er mit Bezug zu den angewandten Kriterien, den Kunden- und Organisationsinteressen vorstellen. Gegebenenfalls werden Organisationskompensationen mit Gegenleistungen des Kunden verknüpft, z. B. wird ein Rabatt an die Abnahmemenge gekoppelt oder eine Kulanzregelung an einen Anschlussvertrag. Durch den Bezug zu den objektiven Kriterien und den jeweiligen, hier gegensätzlichen Interessen wird der Kunde solche Koppelgeschäfte nicht als Kuhhandel empfinden (vgl. Fisher et al. 2001, S. 112 f., 126 f.). Im Regelfall wird ein Abschluss der Beschwerde so zur Zufriedenheit des Kunden möglich sein. Wenn keine Übereinkunft erzielt werden kann, hinterfragt der Kundenberater, welche Interessen nicht berücksichtigt wurden und was die Lösung aus Sicht des Kunden beinhalten muss. Auch die für den Kunden relevanten Maßstäbe und Kriterien sind zu hinterfragen. Sinnvoll ist, dass der Entscheidungsträger in der Organisation für den Kundenberater verfügbar ist, damit ein Abschluss möglichst innerhalb des zweiten Termins erfolgen kann. Kann im Ausnahmefall abschließend keine gemeinsame Lösung gefunden werden, erklärt der Berater den Zusammenhang und bittet den Kunden um Verständnis. Ist die Organisation weiterhin an der Zusammenarbeit interessiert, bietet sich eine Mediation an. Unabhängig davon besteht bei Follow-up-Gesprächen

---

[15]finanziell, materiell oder immateriell (vgl. Stauss und Seidel 2014, S. 218).

mit einem zeitlichen Abstand durch die offensichtlichen Bemühungen um eine Lösung die Chance, sich doch noch zu einigen (vgl. Dietze 1997, S. 117 zur Rückgewinnung bei Kündigungen).

4.5 Fünfte Phase: Gesprächsabschluss

Der Gesprächsabschluss entspricht weitestgehend dem der Gesprächsstruktur „Beschwerdegespräch". Der Kundenberater fasst die erzielte Lösung zusammen und versichert sich abschließend, dass der Kunde die weitere Vorgehensweise verstanden hat und einverstanden ist. Je nach Wunsch der Parteien und Sachlage kann ein Vertrag geschlossen werden. Bei Kulanzregelungen kann durchaus der Wunsch der Organisation bestehen, diese nicht schriftlich zu fixieren, um Präzedenzfälle zu vermeiden.

Die Verabschiedung beinhaltet den Dank für die Beschwerde und das Gespräch. Ein Bezug zur konkreten Situation mit dem Wunsch nach der zukünftig reibungslosen Zusammenarbeit sollte hergestellt werden. Der Kundenberater bietet sich auch bei weiteren Fragen als Ansprechpartner an und verabschiedet den Kunden namentlich mit einem persönlichen Wunsch (vgl. Stauss und Seidel 2014, S. 205 und Haas und Troschke 2007, S. 62 f.).

4.6 Sechste Phase: Follow-up-Gespräche

Zu einer abgerundeten Beschwerdebearbeitung gehört es, dass der Kundenberater nach der Regulierung noch einmal Kontakt zum Kunden aufnimmt. Er fragt nach, ob alles zu seiner Zufriedenheit verlaufen ist, und reagiert auf noch offene Fragen. Der Kunde wird dadurch bei der weiteren Zusammenarbeit sicher sein, dass er auch bei Problemen auf die Organisation zählen kann. Die Kundenbeziehung geht aus der Beschwerdebearbeitung gefestigt hervor (vgl. Dietze 1997, S. 136 ff.). Zusätzlich können bei einem positiven Gesprächsverlauf gezielt Empfehlungen erfragt oder Cross-Selling-Strategien[16] eingeplant werden (vgl. Nerdinger 2011, S. 540; Dietze 1997, S. 13 f.).

---

[16]Im After-Sales-Management, d. h. der Kundenbetreuung nach dem Erwerb eines Produkts oder einer Dienstleistung, werden Cross-Selling-Strategien eingesetzt, um den Kunden zu binden und von weiteren Produkten zu überzeugen (vgl. Nerdinger 2011, S. 540).

4.7 Zusammenfassung

Rückblickend zum Ausgang der Untersuchung werden nachfolgend die in der Gesprächsstruktur angewandten Methoden und Techniken auf mediative Elemente, aber auch hinsichtlich der Abweichungen zur Mediation zusammengefasst. Ein tabellarischer Überblick über die empfohlene Gesprächsstruktur befindet sich am Ende dieses Kapitels.

Die Gesprächseröffnung unterscheidet sich nicht maßgeblich von der Begrüßungsphase der Gesprächsstruktur Beschwerdegespräch und enthält damit keine spezifischen mediativen Elemente. Die in der Einführungsphase der Mediation stattfindende Auftragsklärung entfällt in der Kundenbetreuung. Dies gilt auch für die in der Mediation erforderliche Klärung, ob Medianden und Mediator miteinander arbeiten möchten. Wünscht der Kunde die Betreuung durch einen anderen Kundenberater, sollte dem Anliegen mit Blick auf das Ziel der Kundenzufriedenheit möglichst entsprochen werden.

Das Rollenbild des Kundenberaters als Konfliktvermittler ist die Grundlage der mit der Bestandsaufnahme beginnenden Beschwerdebegleitung.[17] Die Gesprächsphase beruht auf der ersten Maxime des Harvard-Konzeptes unter Berücksichtigung des Transformationsansatzes.

Während in der Mediation in der ersten Phase der sichere Rahmen geschaffen wird, erfolgt dies im konfliktären Kundengespräch, nachdem der Kunde seinen Ärger zum Ausdruck bringen konnte. Erst jetzt versichert der Kundenberater seine Zuständigkeit für die gesamte Beschwerdebetreuung und die Aufnahme des Anliegens in einen strukturierten Beschwerdeprozess. Auch wenn der Rahmen nicht mit dem der Mediation vergleichbar ist (vgl. Abschn. 3.3.1), so vermittelt der strukturierte Prozess doch Sicherheit.

Wie in der Struktur Beschwerdegespräch wird der Kunde auf der emotionalen Ebene abgeholt und sein Ärger aufgefangen. Die Erweiterung des Beschwerdegesprächs, indem nicht nur Aggressionen abgebaut, sondern auch Emotionen aufgenommen und während des gesamten Gesprächs berücksichtigt werden sowie eine thematische Analyse durchgeführt wird, entspricht den Grundgedanken der Mediation. Die dabei angewendeten gesprächsfördernden Fragetechniken gehören zu den mediativen Elementen (vgl. Rosner und Winheller 2012, S. 74 f.; Auferkorte-Michaelis und Michaelis 2007, S. 49, 37). Das aktive Zuhören als mediative Methode erleichtert es den Kundenberatern, diese herausfordernde Aufgabe zu

---

[17]Dass die ethischen Maßstäbe an Mediatoren nicht für die Kundenbetreuung gelten, wurde bereits erläutert (vgl. Abschn. 2.3.2).

realisieren, ohne vorschnell affektiv zu reagieren. Auch in der Struktur Beschwerdegespräch wird diese Methode angesprochen. Da sie dort dem Aggressionsabbau untergeordnet ist, wurden ihre weit darüber hinausgehenden Möglichkeiten verdeutlicht. Es können gleichzeitig Emotionen auf der Ebene der Selbstkundgabe, Beziehung und Appell sowie die Sachebene geklärt werden.

Mediativ arbeitet der Kundenberater auch, wenn er die Positionen mit eigenen Worten wiedergibt. Er kann Beleidigungen und Vorwürfe gezielt in nicht verurteilende Emotionen und die dazugehörigen Themen umformulieren, ohne dass die Tiefe der Beschwerdegründe vermindert wird. Abweichend von der Mediation ist die Bestandsaufnahme auf die Kundenseite begrenzt. Für die Organisation entsteht der Konflikt erst durch die Artikulation des Kunden. Nimmt sie sofort Positionen ein, ohne die Kundenseite genau analysiert zu haben, wird dies die Eskalation fördern. Der Kunde gewänne den Eindruck, seine Schilderungen würden angezweifelt oder seine Beschwerde abgewiesen.

Aus Sicht des Mediators wäre nach dem Abschluss der Bestandsaufnahme eine Unterbrechung des Gespräches wünschenswert, um die fehlenden Informationen direkt einzuholen und den für den Vorgang zuständigen Mitarbeiter in das weitere Gespräch einzubeziehen. Aus Sicht der Organisation soll jedoch die Professionalisierung der Kundenberater eine optimale Kundenbetreuung und ein effizientes Arbeiten im Backoffice/Backbereich ermöglichen. Beide Ziele werden konterkariert, wenn in den sensiblen Bereich der Beschwerdebearbeitung kommunikativ nicht geschulte Mitarbeiter einbezogen werden und zeitgleich zwei Arbeitskräfte, Kundenberater und Entscheidungsträger, durch das Gespräch gebunden sind. Zur Prozessverschlankung wird das Gespräch nur mit dem Kundenberater fortgeführt und die Rücksprache mit den Entscheidungsträgern der Organisation zusätzlich in die Lösungsphase verlegt. Damit ist nur ein hausinterner Kontakt erforderlich, wenn alle Informationen zur Kundensicht erarbeitet wurden.

Die Vorgehensweise kann mit einer gestrafften Form der Caucus-Mediation[18] verglichen werden, der Rosner und Winheller (2012, S. 299 ff.) wegen der starken Einflussnahme durch den Mediator jedoch eine transformative Wirkung absprechen. Während der Einzelgespräche des Mediators mit den Parteien in der Caucus-Mediation besteht kein Kontakt zur Gegenseite. Dies ist im Konfliktgespräch in der Kundenbetreuung anders, denn der Kunde betrachtet den Kundenberater als einen Vertreter der Organisation. Für ihn sitzt die Gegenseite mit am

---

[18]Bei der Caucus- oder Shuttle-Mediation finden lediglich die erste und die letzte Phase gemeinsam statt. Dazwischen finden die Verhandlungen als Einzelgespräche mit dem Mediator statt. Die Mediationsform ist in das Service-Delivery-Projekt einzuordnen.

4.7 Zusammenfassung

Verhandlungstisch. Der Kundenberater tritt metaphorisch betrachtet hälftig als Mediand und Vermittler auf. Die authentische Ausfüllung beider Rollen ermöglicht gegenseitiges Verständnis und das Vertrauen, aus dem transformatorische Ergebnisse erwachsen können.

Die jetzt folgende Verständnisformulierung ist mit der Rolle des Mediators noch vereinbar, eine Entschuldigung kann nur in der Rolle des Medianden ausgesprochen werden, da ein Mediator unbeteiligt wäre, und zeigt noch einmal deutlich, dass der Kundenberater nicht allparteilich handelt.

Im fortlaufenden Gespräch schafft der Kundenberater keinen spürbaren Übergang zur Interessenphase, wie es in der Mediation üblich ist. Sie schließt unmittelbar an seine Verständnisformulierung zum Abschluss der Bestandsaufnahme an. Gegenüber der Gesprächsstruktur Beschwerdegespräch ist sie neu und stimmig anzuwenden. Im Gegensatz zur Bestandsaufnahme können hier wie in der Mediation beide Seiten erarbeitet werden. Der Kundenberater erklärt dabei die Interessen der Organisation und erfragt die Interessen des Kunden. Seine Rollen zwischen Vermittler und Verhandelndem sind auch hier vermischt. Methoden sind Fragetechniken, aktives Zuhören und Paraphrasieren.[19] Die Kenntnis des Eisbergmodells für Kommunikation und Konflikte (vgl. Oboth und Weckert 2011, S. 132 f., Abb. 2.1) unterstützt den Kundenberater dabei, die verschiedenen Ebenen des Konflikts zu beachten. Außerdem sollte er in der Lage sein, Konflikte danach einzuordnen, ob es sich um reine Sachverhaltskonflikte oder weitergehende Konfliktarten handelt. Dabei ist nicht entscheidend, dass er eine korrekte Typisierung vornimmt, sondern die spezifischen Gründe und Ursachen für die Beschwerde und deren Komplexität erkennt. Die Kundeninteressen würdigt er mit Verständnis und ggf. Bedauern. Gleichzeitig achtet er darauf, dass auch der Kunde die Interessen der Organisation wahrnimmt und versteht.

In der Entwicklung von Lösungen wird die Kundenperspektive wieder isoliert betrachtet. Der Kundenberater arbeitet mit in der Mediation üblichen Arbeitsweisen wie Fragetechniken und kreativen Methoden. Abweichend vom Mediationsverfahren wird erst anschließend die Organisationsperspektive erschlossen. Dort

---

[19]Haas und Troschke (2007, S. 53) empfehlen, die Rückmeldung zu verallgemeinern und eine zeitliche Eingrenzung zuzufügen („Ich kann gut verstehen, dass man sich da zuerst unsicher fühlt"). Die Verallgemeinerung soll den Kunden von seiner negativen Emotion distanzieren. Der fehlende Subjektbezug wirkt jedoch distanzierend und birgt die Gefahr, dass der Kunde sich nicht ernst genommen fühlt. Daher werden hier die in den Kommunikationswissenschaften (Weisbach und Sonne-Neubacher 2013, S. 47 ff.; Schulz von Thun 2011, S. 63 f.), aber auch bei Dietze (1997, S. 79 ff.) verwendeten direkten Formulierungen bevorzugt („Ich kann verstehen, dass Sie jetzt verärgert sind.").

fungiert der Kundenberater als Vermittler für den Kunden, er kennt die Kundensicht umfassend und kann Ideen der Entscheidungsträger hinsichtlich der damit abgedeckten Interessen des Kunden beleuchten. Mit maßgeschneiderten Lösungsideen steigt die Wahrscheinlichkeit für eine erfolgreiche Beschwerdebearbeitung.

Sowohl Mediationen als auch Beschwerdebearbeitungen können jedoch auch scheitern. Wenn der Kunde den Eindruck mitnimmt, dass das Beschwerdeverfahren fair verlaufen ist, besteht die Aussicht, ihn zu einem späteren Zeitpunkt wieder von der Organisation zu überzeugen. Ein Follow-up-Gespräch sollte gerade auch in diesen Fällen stattfinden.

Ziele des Gesprächsabschlusses sind die Absicherung des Ergebnisses und ein positiver Abschluss. Konkrete mediative Elemente werden hier nicht mehr eingesetzt, wobei auch der Mediator bewusst einen positiven Abschluss einer Mediation gestaltet wird. Sich auch weiterhin als persönlichen Ansprechpartner zu präsentieren, rundet die Servicebereitschaft und den Wunsch nach der weiteren Zusammenarbeit ab. Das ausdrückliche Commitment zum Ergebnis bindet den Kunden innerlich an die Einhaltung der Absprachen.

Der Dank für die Beschwerde und das Gespräch ist aus Organisationssicht aufrichtig und bezieht sich auf das allgemeine Beschwerdeverhalten: Nur ein geringer Anteil der unzufriedenen Kunden kommuniziert seinen Unmut gegenüber der Organisation. Um sich weiterentwickeln zu können, ist sie aber auf die Rückmeldungen aus der Umwelt angewiesen (vgl. Stauss und Seidel 2014, Vorwort „Der nette Kunde" und S. 44 ff., siehe auch Abschn. 2.2.2).

Die abschließenden Worte des Kundenberaters klingen nach, wenn das Gespräch beendet ist, daher sollten sie persönlich und situationsbezogen sein. Dazu gehört auch die namentliche Ansprache.

Auch bei der Mediation sind Termine im Anschluss des Verfahrens üblich. Trotzdem sind die Follow-up-Gespräche nicht den mediativen Methoden zuzuordnen. Vorrangig geht es die Vertiefung der Beziehung. Auch wenn es zunächst paradox erscheinen mag: Bei einem positiven Beschwerdeabschluss ist eine Empfehlungsfrage oder ein auf die Kundenbedürfnisse zugeschnittenes zusätzliches Angebot sinnvoll und Erfolg versprechend. Der Kunde ist im Nachbeschwerdeverhalten nach einem respekt- und verständnisvollen Umgang mit seiner Beschwerde loyaler als zuvor (vgl. Roschk und Müller 2009, S. 10). Es greifen Kommunikationsmodelle aus dem Marketing (z. B. Fink 2005, S. 137 ff.).

Die vertrauensvolle Beziehung, die aus der Bewältigung der kritischen Situation einer Beschwerde hervorgeht, ist die Grundlage für den wertschätzenden und partnerschaftlichen Umgang, auf dem jetzt aufgebaut werden kann – die Kundenbeziehung wurde transformiert. Die nachfolgenden fassen die einzelnen Phasen der Gesprächsstruktur zusammen:

4.7 Zusammenfassung

	Phase 1: Gesprächseröffnung
Ziel	• unabhängig von einer Beschwerde eine angenehme Gesprächsatmosphäre in der Kundenbetreuung aufbauen
Methoden	• Begrüßung • namentliche Ansprache • offene Körpersprache • angemessener Stimmeinsatz • Etikette • Freundlichkeit • offene Frage zum Einstieg *Diese Verhaltensweisen gelten für das gesamte Gespräch*

	Phase 2: Bestandsaufnahme
Ziel	• Ärger des Kunden aufnehmen • umfassende sachliche und emotionale Analyse • einen sicheren Rahmen schaffen

Methoden	• äußere Bedingungen für ein konstruktives Gespräch
	   o separaten Besprechungsraum aufsuchen
	   o Getränk anbieten
	• persönliche Bedingungen für ein konstruktives Gespräch
	   o Zeit nehmen
	   o Interesse am Kunden und seinem Anliegen zeigen
	• offene Frage zur Gesprächseröffnung
	• Notizen machen
	• aufnehmendes Zuhören ohne Unterbrechung
	• aktives Zuhören
	   o umschreibendes Zuhören, auch: Verständnisfragen
	   o Emotionen nicht wertend benennen
	   o Umformulieren von Beschuldigungen und Angriffen

Phase 3: Interessen und Bedürfnisse

Ziel
- gegenseitiges Verständnis ermöglichen
- Interessen und Bedürfnisse erarbeiten: Worum geht es wirklich?
- Lösen vom positionsgesteuerten Entweder-oder-Denken
- Bereitschaft für Win-win-Lösungen entwickeln

Methoden
- Fragetechniken
- aktives Zuhören (siehe auch Phase 2)
- Paraphrasieren
- Kenntnisse des Eisbergmodells für Kommunikation und Konflikte
- Einordnen nach Konfliktarten
- Interessen würdigen

Phase 4: Lösungen

Ziel
- Entwickeln und Sammeln von Ideen
- Aufbrechen herkömmlicher Denkmuster und Positionen
- Beschwerdeabschluss unter Berücksichtigung der Kunden- und Organisationsinteressen

Methoden
- kreativitätsfördernde Fragetechniken
- Perspektivwechsel vom Kunden
- Brainstorming
- Notizen machen
- Vermittlung des Kundenberaters zwischen Kunden und Entscheidungsträgern
- Entwicklung und Bewertung von Lösungen
- Beschwerdeabschluss

Phase 5: Gesprächsabschluss	
Ziel	• Absicherung des Ergebnisses • positiver Abschluss
Methoden	• als persönlichen Ansprechpartner anbieten • Commitment zum Ergebnis einholen • ggf. schriftliche Fixierung (Vertrag) • Dank für die Beschwerde und das Gespräch • persönlicher und situationsbezogener Abschluss mit namentlicher Ansprache

Phase 6: Follow-up-Gespräche	
Ziel	• Verstärkung der Kundenbeziehung • Akquise
Methoden	• erneute Kontaktaufnahme (Telefon) • Zufriedenheit mit der Beschwerdebearbeitung erfragen • Klärung noch offener Fragen herbeiführen • Empfehlungsfrage/Cross-Selling-Angebote bei positivem Gesprächsverlauf

Literatur

Auferkorte-Michaelis, N., & Michaelis, L. (2007). *Kommunikation – Grundlage mediativer Verfahren, Teil 2*. Hagen: FernUniversität Hagen.
Auferkorte-Michaelis, N., Michaelis, L., & Rösch, S. (2007). *Kommunikation – Grundlage mediativer Verfahren, Teil 1*. Hagen: FernUniversität Hagen.
Cerwinka, G., & Schranz, G. (2009). *Der Telefon-Profi. Berufliche Telefonate aktiv und positiv gestalten*. Wien: Linde.
Dietze, U. (1997). *Reklamationen als Chance nutzen*. Landsberg am Lech: verlag moderne industrie.
Duss-von Werdt, J. (2013). *Systemische Einführung in die Mediation*. Hagen: FernUniversität Hagen.

Fiehler, R., Kindt, W., & Schnieders, G. (2002). Kommunikationsprobleme in Reklamationsgesprächen. In G. Brünner, R. Fiehler, & W. Kindt (Hrsg.), *Angewandte Diskursforschung: Bd. 1. Grundlagen und Beispielanalysen* (S. 120–154). Angewandte Diskursforschung Radolfzell: Verlag für Gesprächsforschung.

Fink, K.-J. (2005). *Empfehlungsmarketing. Königsweg der Neukundengewinnung.* Wiesbaden: Springer Gabler.

Fisher, R., Ury, W., & Patton, B. (2001). *Das Harvard Konzept. Sachgerecht verhandeln – erfolgreich verhandeln.* Frankfurt a. M.: Campus.

Gordon, T. (2005). *Managerkonferenz. Effektives Führungstraining.* München: Heyne.

Haas, B., & Troschke, B. von. (2007). *Beschwerdemanagement. Aus Beschwerden Verkaufserfolge machen.* Offenbach a. M.: Gabal.

Holtgrewe, U., & Kerst, C. (2002). Zwischen Kundenorientierung und organisatorischer Effizienz. Callcenter als Grenzstellen. *Soziale Welt, 53*(2), 141–160. http://nbn-resolving.de/urn:nbn:de:0168-ssoar-122612. Zugegriffen: 16. Aug. 2016.

Montada, L. (2012). *Psychologie der Mediation, Teil 1.* Hagen: FernUniversität Hagen.

Nerdinger, F. W. (2011). Dienstleistungsqualität und Kundenzufriedenheit. In F. W. Nerdinger, G. Blickle, & N. Schaper (Hrsg.), *Arbeits- und Organisationspsychologie* (S. 531–542). Heidelberg: Springer.

Oboth, M., & Weckert, A. (2011). *Mediation für Dummies.* Weinheim: Wiley.

Proksch, S. (2014). *Konfliktmanagement im Unternehmen. Mediation und andere Methoden für Konflikt- und Kooperationsmanagement am Arbeitsplatz.* Wiesbaden: Springer Gabler.

Roschk, H. (2011). *Gerechtigkeit bei der Beschwerdebehandlung. Der moderierende Einfluss von Kunden- und Situationsmerkmalen.* Dissertation, Springer Gabler, Wiesbaden.

Roschk, H., & Müller, J. (2009). *Alter als Moderator im Nachbeschwerdeverhalten.* Ilmenau: Pro Wiwi.

Rosenberg, M. B. (2009). *Gewaltfreie Kommunikation. Eine Sprache des Lebens.* Paderborn: Junfermann.

Rosner, S., & Winheller, A. (2012). *Mediation und Verhandlungsführung. Theorie und Praxis des wertschöpfenden Verhandelns – nicht nur in Konflikten.* Mering: Hampp.

Schulz von Thun, F. (2011). *Miteinander reden: 1, Störungen und Klärungen. Allgemeine Psychologie der Kommunikation.* Reinbek bei Hamburg: Rowohlt.

Schwing, R., & Fryszer, A. (2010). *Systemisches Handwerk. Werkzeug für die Praxis.* Göttingen: Vandenhoeck & Ruprecht.

Stauss, B., & Seidel, W. (2014). *Beschwerdemanagement. Unzufriedene Kunden als profitable Zielgruppe.* München: Hanser.

Weisbach, C.-R., & Sonne-Neubacher, P. (2013). *Professionelle Gesprächsführung. Ein praxisnahes Lese- und Übungsbuch.* München: Deutscher Taschenbuch verlag.

Kognitives Stressmanagement für Kundenberater

5

Auch wenn die Entwicklung der Gesprächsstruktur das Empowerment der Mitarbeiter (vgl. Kap. 1) bereits beinhaltet hat, stellt sich die Frage nach dem kognitiven Stressmanagement.

> Kognitives Stressmanagement zielt auf eine Änderung von persönlichen Motiven, Einstellungen und Bewertungen. Auch hier können sich die Bewältigungsbemühungen auf aktuelle Bewertungen in konkreten Belastungssituationen oder auf situationsübergreifende, habituelle Bewertungsmuster beziehen. Diese bewusst zu machen, kritisch zu reflektieren und in stressvermindernde Bewertungen zu transformieren, ist das Ziel kognitiver Interventionsansätze der Stressbewältigung (GKV Spitzenverband 2014, S. 62).

Stresssituationen in der Kundenbetreuung können mit dem Konzept der „Emotionsarbeit" oder „emotional labor" analysiert und bearbeitet werden. Hochschild (2006) veröffentlichte erstmals 1983 ihre Untersuchungen zu Dienstleistungsinteraktionen bei Stewardessen und thematisierte die Belastung, die aus den rollenspezifischen Erwartungen resultiert. Seitdem wurde das von ihr erarbeitete Konzept in der Wirtschaftspsychologie und Soziologie weiter erforscht. „Emotional labor" definiert Hochschild im Gegensatz zu „emotional work"[1] als Gefühlsmanagement, das „vom Unternehmen vorgegeben" wird, um „marktförmige Beziehungen" zu gestalten (Rastetter 2008, S. 15 ff.).

Kundenberater sind häufig gezwungen, Emotionen zu zeigen, die möglicherweise von ihrem eigentlichen Empfinden abweichen (vgl. Nerdinger 2012, S. 10; vgl.

---

[1] Als „emotional work" bezeichnet Hochschild Gefühlsmanagement im privaten Umfeld. Dabei kann der Akteur – unter Berücksichtigung normativer Zwänge und Sanktionen – entscheiden, wie weit er seine Emotionen anpasst (vgl. Rastetter 2008, S. 18 f.).

Abschn. 4.2), z. B. bei persönlichen Angriffen oder als überzogen empfundenen Kundenwünschen. Das erforderliche Hervorrufen, Verstärken, Abmildern oder Umwandeln erlebter Gefühle kann jedoch zu einer starken Belastung mit körperlichen und psychischen Beschwerden führen, wenn der Umgang mit den eigenen Emotionen vernachlässigt wird (vgl. Nerdinger 2011a, S. 523 ff.). Ordnet der Kundenberater die Kundenansprüche zusätzlich anders ein, als die Organisation es ihm vorgibt, kann zum interpersonalen Konflikt ein intrapersonaler Rollenkonflikt hinzukommen. Zwischen dieser Herausforderung und Burn-out-Erkrankungen wurde ein Zusammenhang festgestellt (vgl. Schweer et al. 2005, S. 13, 25).

Emotionale Dissonanzen, „der empfundene Widerspruch zwischen ausgedrückten und empfundenen Gefühlen" (Schweer et al. 2005, S. 16), erfordern somit ein gezieltes Emotionsmanagement. Inwiefern dies Stress auslöst, liegt in der individuellen Wahrnehmung der Situation. Kundenberater benötigen eine starke soziale Kompetenz zur Konfliktlösung bei Beschwerden. Ein entlastendes Training sollte daher multimodale Ansätze beinhalten, d. h. sowohl individuelle Stressbewältigungsressourcen zum Umgang mit persönlichen Stressverstärkern (vgl. Abb. 5.1, zweite Ebene) als auch eine oder mehrere Bewältigungsstrategien

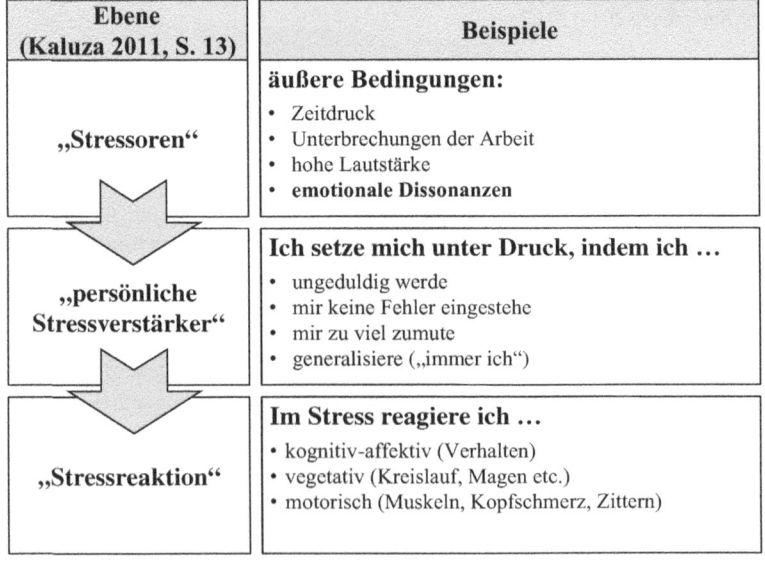

Abb. 5.1 Stressebenen. (Quelle: In Anlehnung an Kaluza 2011, S. 12 f.)

für Stressreaktionen (vgl. Abb. 5.1, dritte Ebene) beinhalten. Damit erwerben sie emotionale Kompetenzen, um mit negativen emotionalen Reaktionen professionell umzugehen (vgl. Berking 2010, S. 3).

5.1 Stressor Emotionsarbeit

Eingeordnet in die „Stressampel" nach Kaluza (2011, S. 12 f., Abb. 5.1), ist Emotionsarbeit die äußere Anforderung, die Stress auslösen kann, und somit der Stressor im Stressgeschehen.

Arbeitsplatz- und organisationsbezogene Indikatoren für gute Kundenorientierung sind eine funktionierende Struktur und Vorgesetzte, die Kundenorientierung vorleben (vgl. Holz 2006, S. 144 f.). Während Arbeitgeber diese Indikatoren positiv beeinflussen können, ist es beim Stressor per se nur marginal möglich (vgl. Abschn. 2.1.3). Beschwerden können auch bei optimalen strukturellen Bedingungen nicht ausgeschlossen werden – für die Weiterentwicklung und das Lernen im Unternehmen wäre dies jedoch auch nicht wünschenswert (vgl. Abschn. 4.7). Des Weiteren können sich Kundenberater in der Regel nicht auf das Gespräch vorbereiten, sondern werden ad hoc mit der Situation konfrontiert.

Entscheidende Faktoren für eine gesunde und effiziente Kundenbetreuung sind die Einstellung zum Kunden, zur Tätigkeit, aber auch Aspekte der Führung, wie z. B. der Handlungsspielraum der Kundenberater beim Umgang mit persönlichen Angriffen oder starr vorgegebene Gesprächsregeln. Hierzu ist es sinnvoll, in den „display rules", den Verhaltensregeln für Kundenberater, entlastende Regelungen zu dokumentieren (vgl. Holz 2006, S. 525; Stauss 2012, S. 53 ff.; Schweer et al. 2005, S. 19 ff.). Unterstützend wirkt bereits, wenn Kundenberater das Gespräch bei persönlichen Beleidigungen nach Ankündigung abbrechen dürfen.[2] Auch der weitere Umgang mit einer solchen Situation kann verankert werden, wie z. B. eine datenschutzrechtlich korrekte Dokumentation im Contact-Relationship-Management oder eine Nachricht an Vorgesetzte. Der Austausch mit Kollegen und Vorgesetzten sollte dem Berater nach einem schwierigen Gespräch die Möglichkeit zur Sozialhygiene bieten (vgl. Schweer et al. 2005, S. 19, 21; Nerdinger 2012, S. 16).

---

[2]Nach meiner persönlichen Erfahrung betrifft dies nur eine sehr geringe Anzahl an Gesprächen. Unterstützende kommunikative und/oder Stress bewältigende Trainings können erforderlich sein, wenn die Anzahl der entsprechenden Situationen auffällig ansteigt.

Ein angemessener Entscheidungsspielraum und Unterstützung durch Trainings können zum gesunden Umgang mit Emotionsarbeit und damit zur Burn-out-Prophylaxe beitragen (vgl. Nerdinger 2011b, S. 553). Bildungsmaßnahmen, die den Kundenberatern ermöglichen, ihre Ressourcen auszubauen und Bewältigungsstrategien zu erlernen, sollten deshalb fest in die Schulung der Kundenberater integriert werden (vgl. Schaper 2011, S. 489; Holz 2006, S. 35).

In Abschn. 5.3 bis 5.8 werden mögliche Schulungs- oder Seminarinhalte aufgeführt, die insbesondere für Gruppen vorgestellt werden. Kundenberater haben schwierige Situationen bereits häufig bewältigt, aber kaum die Zeit und den Anlass, dies grundlegend zu reflektieren. Mit ihren Erfahrungen können sie sich gegenseitig unterstützen sowie eigene gute und weniger hilfreiche Strategien identifizieren. Es spricht nichts dagegen, die Methoden auch im Coaching und Training einzusetzen.

5.2 Deep acting oder surface acting?

Entgegen Hochschilds ersten Interpretationen von Coping-Strategien bei emotionalen Dissonanzen gilt nach dem derzeitigen Forschungsstand das reine Vortäuschen der gewünschten Emotionen als stressfördernd („surface acting", „faking in bad faith", Nerdinger 2011a, S. 524 f.; Rastetter 2008, S. 34 f.). Positive Wirkungen auf die Emotionsregulation konnten allerdings erzielt werden, wenn das Vorspielen von Emotionen in einen größeren Sinnzusammenhang eingeordnet und vom Kundenberater als sinnvoll betrachtet wurde („faking in good faith", Nerdinger 2011a, S. 524 f.; Rastetter 2008, S. 34 f.). Hinsichtlich einer optimalen Kundenbetreuung ist diese Strategie jedoch wenig zielführend, da sie beim Kunden durch die Inkongruenz zwischen nonverbaler und verbaler Botschaft nicht die gewünschten Effekte erzielt. In diesem Fall kommen dem Inhalt lediglich 7 % der Aufmerksamkeit des Empfängers zu, die restlichen 93 % interpretiert er über die nonverbalen Signale (siehe Abb. 5.2).

Die nachfolgend vorgestellten Strategien beziehen sich auf das Tiefenhandeln („deep acting", Nerdinger 2011a, S. 524 f.), das gesundheitsfördernde Wirkungen entfalten kann. Hochschild befürchtete, Kundenberater könnten sich im Tiefenhandeln so verlieren, dass sie sich von ihrer Persönlichkeit entfremden (vgl. Rastetter 2008, S. 33). Dieser Problematik wird Rechnung getragen, indem ein professionelles Rollenverständnis und Empathie aus der Blickrichtung der humanistischen Psychologie erarbeitet werden. Empathie bedeutet danach, „das Erleben eines anderen so vollständig und genau nachzuvollziehen, als ob es das

5.3 Emotionale Dissonanz

Abb. 5.2 Wirkung von Kommunikation bei Inkongruenz. (Quelle: In Anlehnung an Mehrabian 1972, S. 75 ff.)

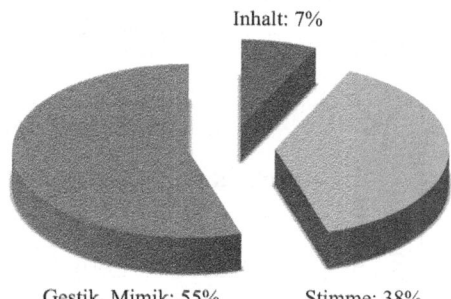

eigene wäre, ohne jemals diesen Als-ob-Status zu verlassen" (Biermann-Ratjen et al. 1995, S. 15 mit Bezug zu Rogers). Rogers rekurriert damit ebenfalls auf eine professionelle Distanzierung im Gegensatz zur wenig hilfreichen Überidentifikation mit dem Klienten (vgl. Rogers und Buber 1992, S. 187).

5.3 Emotionale Dissonanz

Ein Seminar oder eine Weiterbildung sollte damit eingeleitet werden, ein Grundverständnis für stressförderndes Verhalten im Zusammenhang mit emotionalen Dissonanzen zu wecken. Anhand einer konkreten Konfliktsituation in der Kundenbetreuung aus dem Teilnehmerkreis kann das transaktionale Stressmodell nach Lazarus (vgl. Kaluza 2011, S. 33 f.; Schaper 2011, S. 479, siehe Abb. 5.3) durchgespielt werden.

Kaluzas Modell der „Stressampel" (vgl. Kaluza 2011, S. 12 f.) ermöglicht mit den unterschiedlichen Ebenen des Stressgeschehens

- Stressor,
- persönliche Stressverstärker und
- Stressreaktion

einen differenzierten Blick auf das Ziel des Emotionsmanagements. Die Kohärenz der Ebenen kann mit dem Beispiel dargestellt werden, das im Zusammenhang mit dem transaktionalen Stressmodell bereits vorgestellt wurde.

Mit Fingerspitzengefühl kann der Trainer sich den individuellen Stressverstärkern zuwenden. Denn empfinden die Teilnehmenden eine Schuldzuweisung für

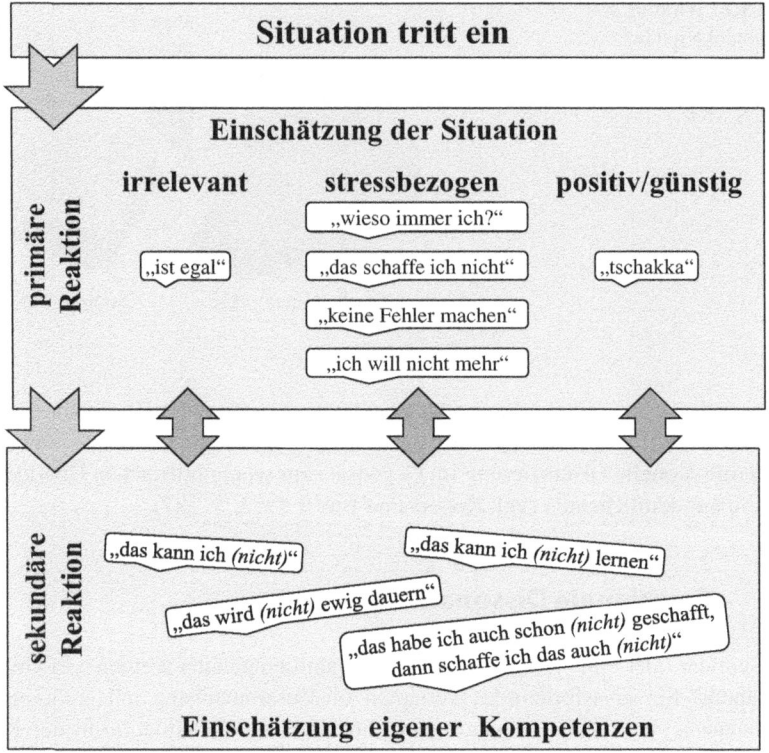

Abb. 5.3 Transaktionales Stressmodell nach Lazarus

das eigene Stressempfinden, weil sie Situationen „falsch" wahrnehmen, gefährdet man ihre Mitarbeit. Der Stressor sollte gewürdigt werden.

Der Bezug zur individuellen Wahrnehmung von Situationen, der sich idealerweise schon in der Diskussion herauskristallisiert, kann mittels neurowissenschaftlicher Erkenntnisse zur Entwicklung von Emotionen und Gefühlen (vgl. Berking 2010, S. 21 ff.; Jäncke 2015, S. 96, 100 ff.) vorgestellt werden. Über diesen Weg ist es einfacher, sich den eher abstrakten konstruktivistischen[3] Denkmodellen zu nähern.

---

[3]„Konstruktivismus ist eine Erkenntnistheorie, die Ursachen und Bedingungen der Wahrnehmungs- und Erkenntnisweise des Erkennenden zu analysieren und zu verstehen" (Pörksen und Schulz von Thun 2014, S. 189).

Hier schließt sich der Kreis zur humanistischen Psychologie. Übereinstimmungen zum Konstruktivismus sind z. B., dass jedes Individuum eine eigene Sichtweise entwickelt und dass alle grundsätzlich gleichwertig akzeptiert werden. Kommunikation wird dann zum Austausch individueller Weltbilder (vgl. Schulz von Thun 2013, S. 119 ff.). Können die Teilnehmer das Modell für sich adaptieren, ist der Grundstein für den Transfer der Trainingsinhalte gelegt. Entscheidend ist die Einsicht, mit der die Teilnehmer sich von einer möglicherweise vorhandenen Konsumhaltung bei Stressbewältigungstrainings („Entspanne mich!") auf eine echte Arbeitsphase einlassen.

5.4 Rollenverständnis

Für ein Empowerment zum gesunden und kundenorientierten Emotionsmanagement erweist es sich nach Schweer et al. (2005, S. 13, 25) als hilfreich, wenn der Kundenberater eine Distanz zwischen seiner Persönlichkeit und der Rolle schafft, ohne jedoch in Depersonalisierungstendenzen abzugleiten. Das Bewusstsein für die Rolle als Kundenberater kann mittels eines Bildes geschärft werden, in Abb. 5.4 findet sich ein Beispiel.

Mit weiteren Strahlen können Rollen hinzugefügt werden. Alternativ ist eine Mind Map geeignet, um die individuellen, unterschiedlichen Rollen und ggf. ihre Interdependenzen zu erarbeiten. Bietet man dies als Einzelarbeit an, ist gewährleistet, dass die Teilnehmenden Diskretion wahren können. Anhand eines Freiwilligen aus der Gruppe kann im Plenum die Vielzahl der Rollen einer Person vorgestellt

Abb. 5.4 Die „Rollensonne"

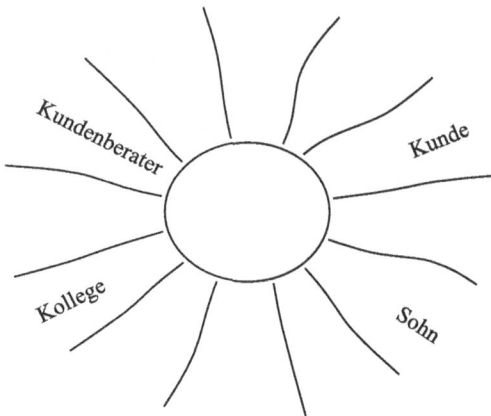

und verdeutlicht werden, dass die Tätigkeit als Kundenberater zwar eine umfassende und wichtige, aber eben nur eine Rolle darstellt. Häufig kommt die starke Identifikation mit der Unternehmung zum Ausdruck, sodass Angriffe von Kunden auch persönlich genommen werden, wenn sie sich gegen den Arbeitgeber richten. Mithilfe des Bildes wird verdeutlicht, dass sich Angriffe in den meisten Fällen gegen die Rolle und nicht gegen die Person richten. Beim Beispiel der Rollensonne kann der Angriff in Form einer Wolke dargestellt werden, die beim entsprechenden Bewusstsein nicht mehr die gesamte Sonne, also die Person in Gänze, sondern nur den betroffenen Strahl, d. h. nur eine einzelne Rolle, verdunkelt – eine Möglichkeit des Verankerns (vgl. Ready und Burton 2005, S. 166 f.).[4]

▶ **Tipps** In meinen Seminaren äußerten besonders loyale Mitarbeiter, die Rolle des Kundenberaters sei so umfassend in ihrem Portfolio, dass eine professionelle Distanz schwierig sei. Ein Austausch über bewährte Bewältigungsstrategien der anderen Gruppenmitglieder, die Suche nach geeigneten Ankern, wie ein festes Ritual zu Arbeitsbeginn und Feierabend (z. B. das An- und Ausziehen der Anzugjacke), aber auch Kurzentspannungen und Achtsamkeitsübungen können dabei unterstützen, die nötige Distanz zu wahren.

5.5   Persönliche Trigger reflektieren

Für das Eisbergmodell (vgl. Abb. 2.1) bietet sich in diesem Zusammenhang eine andere Darstellungsvariante (z. B. als Flipchart, Abb. 5.5) an.

Mit dieser Übung reflektieren Kundenberater ihre Reaktion auf persönliche Schlüsselreize (Trigger) und entwickeln Bewältigungsstrategien. Auslöser von negativen Emotionen können Erinnerungen, Worte, Situationen etc. sein und sind immer sehr persönlich, z. B.: Der Kunde bittet die versierte Mitarbeiterin im technischen Support um eine Beratung durch einen männlichen Kollegen, oder ein bestimmter Dialekt erinnert den Kundenberater an den ungeliebten Mathematiklehrer. Erkennbar wird, dass einige Reaktionen ohne Zutun des Kunden Emotionen auslösen und der Kunde seinerseits ebenfalls auf individuelle Trigger reagiert.

Der Kundenberater erkennt innerhalb der Dienstleistungsinteraktion nicht nur den Kunden als „Eisberg", sondern sich selbst als Teil des Modells. Auch seine

---

[4]Die verwendeten Techniken aus dem Neurolinguistischen Programmieren sind umsichtig ausgewählt und tragen keinen manipulativen Charakter, der dem zugrunde liegenden Verständnis entgegenstünde.

5.5 Persönliche Trigger reflektieren

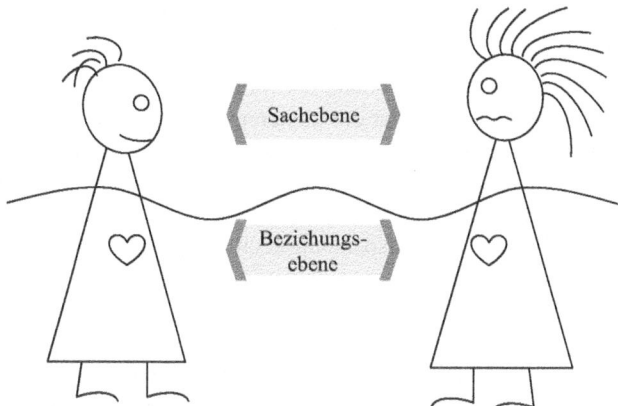

Abb. 5.5 Sich selbst als Eisberg annehmen

Bedürfnisse und Interessen liegen unter der Oberfläche, fließen in die Kommunikation ein und bestimmen wesentlich den Verlauf des Gesprächs (vgl. Oboth und Weckert 2011, S. 132). Das bewusste Wahrnehmen von Schlüsselreizen, die eine emotionale Dissonanz hervorrufen, ermöglicht dem Kundenberater, seine Emotionen besser einzuordnen und Bewältigungsstrategien für sich zu entwickeln. Tritt der Schlüsselreiz auf, kann der Kundenberater reflektiert reagieren. Häufig ist das Erkennen des Triggers bereits ausreichend, um zukünftig ruhiger mit entsprechenden Situationen umzugehen. Wenn nicht, eignet sich das Setzen eines „Ankers" (vgl. Ready und Burton 2005, S. 166 f.) als verinnerlichtes Stoppschild. Hierzu gibt es unbegrenzte Möglichkeiten, die einfachste ist die Verknüpfung mit einem Bild, mit dem in der Situation eine Reflexion der negativen Emotion möglich wird.

Ein weiterer Ansatz stammt von Ury (2015, S. 20 ff.), dem Mitbegründer des Harvard-Konzeptes. Er rät dazu, sich vor einer Verhandlung oder in einer angespannten Gesprächssituation selbst von einem imaginären Balkon aus zu beobachten, sich selbst empathisch zu begegnen und die eigenen Bedürfnisse zu identifizieren. Er bezeichnet dies als „putting yourself in your shoes" (Ury 2015, S. 19) und „getting to yes with yourself" (Ury 2015, S. 6), eine Veränderung, die von Selbstverurteilung zu Verständnis für sich selbst führt (vgl. Ury 2015, S. 37) und damit für die weitere Verhandlung mit anderen öffnet.

Etwas weniger pathetisch und deutlich früher (1998) formulierte Schulz von Thun (2011, S. 18): „Willst du ein guter Kommunikator sein, dann schau auch in dich selbst hinein und nimm den Systemblick ein." Für stimmige Kommunikation ist ihm zufolge sowohl die Selbstklärung als auch die Berücksichtigung der situations- und systemgerechten Einordnung der Situation erforderlich. Die Selbstklärung erarbeitet er mit der Metapher des „inneren Teams" (Schulz von Thun 2011, S. 25, 108 ff.), einer Aufstellungsarbeit mit den eigenen Gefühlen und Glaubenssätzen, die er als eigene innere Persönlichkeiten darstellt. Auch dieses Modell eignet sich, um Trigger zu identifizieren.

Die positive Wirkung von Entspannungstechniken in Stresssituation ist nachgewiesen und greift auch bei dieser speziellen Anspannung (vgl. Nerdinger 2012, S. 12).

▶ **Tipps** Meist erzählen die Teilnehmenden von kleineren Ärgernissen, die den Alltag erschweren. Gleichzeitig führt der Denkanstoß auch dazu, sich tiefer gehend zu reflektieren. Hilfreiche Ansätze und Unterstützung kommen zumeist direkt aus der Gruppe.

Zu schwierigeren Problemen werde ich eher unter vier Augen angesprochen. Der Rahmen innerhalb eines Seminars ist dafür meist ungeeignet, sodass in der Regel weitere mögliche Schritte besprochen werden können (z. B. Austausch mit Kollegen, Coaching, ggf. Arztbesuch, etc.)

Zur Kurzentspannung eignen sich besonders Atemübungen, Ausschnitte aus der Progressiven Muskelentspannung oder Achtsamkeitsübungen.

5.6 Neue Ansätze der Stressbewältigung

McGonigal (2013) verweist auf neue Ansätze der Stressbewältigung, die der Einstellung zum Stress eine entscheidende Rolle zuweisen. Stressreaktionen nicht mehr negativ, sondern als förderlich für die Bewältigung einer anspruchsvollen Situation zu definieren, führte in Studien dazu, dass z. B. die gesundheitsschädigende Verengung der Arterien ausblieb. Dagegen zeigten sich körperliche und neurologische Reaktionen wie bei Freude und Mut. Als Intervention sei z. B. der Gedanke hilfreich, „the pounding heart is preparing you for action, if your breathing faster, that's no problem, it's getting more oxygen to your brain" (McGonigal 2013).

Darüber hinaus kann man sich die positive Wirkung des Stresshormons Oxytocin zunutze machen, indem man Hilfe zur Stressbewältigung in Anspruch nimmt oder jemand anders hilft (vgl. McGonigal 2013). Wer den Transfer schafft, kann aus Verständnis und einer Hilfeleistung für den verärgerten Kunden eigene

Stressbewältigung generieren. Auch die Sozialhygiene im Gespräch mit Kollegen oder Vorgesetzten oder einfach nur die Unterstützung für einen anderen Menschen ist unter diesem Aspekt aktive Selbsthilfe. Es handelt sich um einen interessanten neuen Ansatz zur gesundheitsfördernden Wahrnehmungsverschiebung im Stressgeschehen, dessen weitere wissenschaftliche Begleitung und Forschung abzuwarten ist.

▶ **Tipps** Als Intervention zu einer veränderten Stressreaktion sieht McGonigal bereits das Wissen um das Verhalten des Körpers, wenn man Stress als hilfreich erkennen kann. Der Körper folge diesem Verständnis. Dazu kann auch der Skeptiker eingeladen werden!

5.7 Perspektivwechsel

Die bisher vorgestellten Übungen beziehen sich auf die Reaktionen des Kundenberaters. Im weiteren Verlauf rückt wieder der Interaktionspartner Kunde in den Fokus. Wurden bereits zu Beginn einer Trainingsmaßnahme konstruktivistische Denkmodelle vorgestellt, kann darauf aufgebaut werden. Der Beginn einer Übungssequenz kann mit einer Geschichte aufgelockert werden.[5] Ziel ist es, sich von der eigenen Wahrnehmung so weit zu lösen, dass die Perspektive des Kunden eingenommen wird. Das daraus resultierende empathische Verständnis wirkt positiv auf die Kommunikation (vgl. Nerdinger 2012, S. 12).[6]

Das Neurolinguistische Programmieren[7] unterscheidet zwischen drei Wahrnehmungspositionen. Die erste Position betrifft die eigenen Gedanken über sich und andere, die eigene Perspektive. In der zweiten Position versucht dieselbe Person in die Welt des Gesprächspartners einzutauchen. Sie stellt sich vor, was diese Person denkt und fühlt. Die dritte Wahrnehmungsposition ist die des neutralen Beobachters (vgl. Ready und Burton 2005, S. 137 f.).

---

[5]Zum Beispiel „Die Geschichte mit dem Hammer" (Watzlawick 2005, S. 37 ff.), inzwischen auch im Netz frei verfügbar.

[6]Nerdinger verweist zusätzlich auf die „Stanislawski-Technik", einer Technik für Schauspieler. Diese wird hier nicht näher dargestellt, da das Vortäuschen von Emotionen grds. stressfördernd ist. Auch als „faking in good faith" – eine Coping-Strategie, die durch den Sinnbezug nicht stressfördernd wirkt, ist die Kongruenz der Botschaft gefährdet. Der verbale Inhalt wird kaum wahrgenommen, wenn er nicht im Einklang mit den nonverbalen Signalen steht (vgl. Abb. 5.1, Abschn. 5.2).

[7]Die verwendeten Techniken aus dem Neurolinguistischen Programmieren sind umsichtig ausgewählt und tragen keinen manipulativen Charakter, der dem zugrunde liegenden Verständnis entgegenstünde.

Zur Übung eignet sich z. B. ein Rollenspiel mit Rollenwechsel. In der Rolle eines „schwierigen" Kunden erarbeitet der Berater mögliche Gründe für dessen Verhalten.

Eine andere mögliche Übung ist eine kleine Fantasiereise zu einem Erlebnis, bei dem viele Sinne angesprochen werden. Ausgang ist möglichst ein eigenes Erlebnis des Trainers, wie z. B. ein Waldspaziergang oder ein Tag am Meer. Sowohl für die Stimmung im Seminar als auch für die Teilnehmer ist es angenehmer und leichter, mit einem positiven Ereignis zu arbeiten. Dabei werden, ggf. in einem zweiten Durchgang, die einzelnen Positionen geübt.

▶ **Tipps** Während die erste Übung einen direkten Bezug zur Arbeit darstellt, kann bei der zweiten Übung angeregt werden, das Training ohne Aufwand in Alltagsgesprächen weiter zu üben. Die besondere Herausforderung liegt darin, Schilderungen eines Gesprächspartners nicht automatisch mit eigenen Erinnerungen zu verknüpfen (Autopilot), sondern zu versuchen, durch die Augen des anderen zu sehen.

Um das Bewusstsein für die unerwünschte Überidentifikation zu schärfen (vgl. Abschn. 5.2), sollten die Teilnehmer die Rollen nach den Übungen „abschütteln", d. h. Arme und Beine ausschütteln, um die Rolle bewusst zu verlassen.

5.8 Zusammenfassung

Was zur Bewältigung der Emotionsarbeit eingesetzt wird, fördert gleichzeitig das Verständnis des Kundenberaters für die Situation des Kunden. Das Bewusstsein für den Zusammenhang zwischen Emotionsmanagement, eigenem Wohlbefinden und Kundenzufriedenheit wird geschärft. Dadurch können eigene Emotionen der Kundenberater und die des Kunden besser identifiziert und verarbeitet werden. Kundenorientierung und Mitarbeiterorientierung können damit verknüpft werden.

▶ **Tipps** Die vorgestellten Übungen sind praxiserprobt, aber keinesfalls abschließend.

Wer erwartet, dass alle Teilnehmer einer Weiterbildung begeistert über ihr Emotionsmanagement berichten, wird bei einem Inhouse-Seminar mit Kollegen eher enttäuscht werden. Es erfordert Vertrauen und Gewöhnung, über Emotionen zu sprechen.

Deshalb muss man sich entscheiden, inwiefern die Teilnahme freiwillig oder als Teambuilding erfolgen soll.

Literatur

Berking, M. (2010). *Training emotionaler Kompetenzen. Ein Intensivprogramm zur Verbesserung der Stress-, Selbstwert- und Emotionsregulation. Handbuch für Teilnehmer (Online-Material)*. Berlin: Springer.

Biermann-Ratjen, E., Eckert, J., & Schwartz, H. (1995). *Gesprächspsychotherapie. Verändern durch Verstehen*. Stuttgart: Kohlhammer.

GKV Spitzenverband. (2014). Leitfaden Prävention, Handlungsfelder und Kriterien des GKV-Spitzenverbandes zur Umsetzung der §§ 20 und 20a SGB V vom 21. Juni 2000 in der Fassung vom 10. Dezember 2014. Berlin. https://www.gkv-spitzenverband.de/media/dokumente/presse/publikationen/Leitfaden_Praevention-2014_barrierefrei.pdf. Zugegriffen: 16. Aug. 2016,

Hochschild, A. R. (2006). *Das gekaufte Herz*. Frankfurt a. M.: Campus.

Holz, M. M. L. (2006). Kundenorientierung als persönliche Ressource im Stressprozess. Dissertation. http://publikationen.ub.uni-frankfurt.de/frontdoor/index/index/docId/2940. Zugegriffen: 12. Aug. 2016.

Jäncke, L. (2015). *Ist das Hirn vernünftig? Erkenntnisse eines Neuropsychologen*. Bern: Hogrefe.

Kaluza, G. (2011). *Stressbewältigung, Trainingsmanual zur psychologischen Gesundheitsförderung*. Berlin: Springer.

McGonigal, K. (2013). How to make stress your friend, Video file (Jun 2013). https://www.ted.com/talks/kelly_mcgonigal_how_to_make_stress_your_friend. Zugegriffen: 12. Aug. 2016.

Mehrabian, A. (1972). *"Silent Messages" – A primer of nonverbal communication (body language) for the general audience*. Belmont: Wadsworth.

Nerdinger, F. W. (2011a). Dienstleistungstätigkeiten. In F. W. Nerdinger, G. Blickle, & N. Schaper (Hrsg.), *Arbeits- und Organisationspsychologie* (S. 517–530). Heidelberg: Springer.

Nerdinger, F. W. (2011b). Steuerung der Dienstleistungsqualität. In F. W. Nerdinger, G. Blickle, & N. Schaper (Hrsg.), *Arbeits- und Organisationspsychologie* (S. 543–555). Heidelberg: Springer.

Nerdinger, F. W. (2012). Emotionsarbeit im Dienstleistungsbereich. *Report Psychologie, 37*(1), 8–18.

Oboth, M., & Weckert, A. (2011). *Mediation für Dummies*. Weinheim: Wiley.

Pörksen, B., & Schulz von Thun, F. (2014). *Kommunikation als Lebenskunst. Philosophie und Praxis des Miteinander-Redens*. Heidelberg: Carl Auer.

Rastetter, D. (2008). *Zum Lächeln verpflichtet. Emotionsarbeit im Dienstleistungsbereich*. Frankfurt a. M.: Campus.

Ready, R., & Burton, K. (2005). *Neurolinguistisches Programmieren für Dummies*. Weinheim: Wiley.

Rogers, C., & Buber, M. (1992). Carl Rogers im Gespräch mit Martin Buber. In M. Behr, R. Tausch, W. M. Pfeiffer, F. Petermann, & U. Esser (Hrsg.), *Jahrbuch 1992. Personzentrierte Psychologie und Psychotherapie* (Bd. III, S. 184–201). Köln: Gesellschaft f. wiss. Gesprächspsychotherapie.

Schaper, N. (2011). Wirkungen der Arbeit. In F. W. Nerdinger, G. Blickle, & N. Schaper (Hrsg.), *Arbeits- und Organisationspsychologie* (S. 475–496). Heidelberg: Springer.

Schulz von Thun, F. (2011). Miteinander reden: 3, Das „Innere Team" und situationsgerechte Kommunikation. Kommunikation, Person, Situation. Reinbek bei Hamburg: Rowohlt.

Schulz von Thun, F. (2013). *Klarkommen mit sich selbst und anderen. Kommunikation und soziale Kompetenz. Reden, Aufsätze, Dialoge.* Reinbek: Rowohlt.

Schweer, R., Genz, A., & Wicklein, M. (2005). Emotionsarbeit in personenbezogenen Dienstleistungsberufen. Emotionen regulieren, erfolgreicher und gesünder arbeiten. In VBG Verwaltungs-Berufsgenossenschaft gesetzliche Unfallversicherung (Hrsg.), Ccall, Erfolgreich und gesund arbeiten im Call Center. http://www.ccall.de/download_dat/emotionsarbeit.pdf. Zugegriffen: 22. Aug. 2016.

Stauss, B. (2012). *Wenn Thomas Mann Ihr Kunde wäre. Lektionen für Servicemanager.* Wiesbaden: Springer Gabler.

Ury, W. (2015). *Getting to yes with yourself (and other worthy opponents).* New York: Harpercollins Us.

Watzlawick, P. (2005). *Anleitung zum Unglücklichsein.* München: Piper.

6 Schlussbetrachtung: Können mediative Elemente in konfliktären Kundengesprächen Kunden- und Mitarbeiterzufriedenheit steigern?

Der Ausgangspunkt war die Frage nach dem Erfolg beim praktischen Einsatz mediativer Kommunikationsmethoden zur Bewältigung als schwierig empfundener Gespräche in der Kundenbetreuung. Die wissenschaftliche Herleitung zeigt, dass kommunikative Methoden und Techniken, die das Verständnis für den Kunden fördern, emotionale Dissonanzen beim Kundenberater verringern. Dieser muss die geforderten Emotionen nicht länger vortäuschen, sondern kann sich emphatisch auf die Kundensicht einlassen und sie auch bei abweichenden Einstellungen tolerieren. Über dieses gesündere Tiefenhandeln im Emotionsmanagement (deep acting) verkörpert der Kundenberater seine Rolle authentisch. Die Kongruenz seiner verbalen und nonverbalen Kommunikation steigert die Glaubwürdigkeit seiner Botschaften. Aus glaubwürdig vermitteltem Verständnis kann das Vertrauen erwachsen, das voraussetzend für die partnerschaftliche Kundenbeziehung ist.

Die in der Gesprächsstruktur für konfliktäre Kundengespräche anzuwendenden mediativen Elemente fördern das Verständnis für den Kunden, da sie eine Rundumsicht auf sein Anliegen ermöglichen. Sowohl das Problem und die damit verbundenen Emotionen als auch die Interessen und Bedürfnisse werden erarbeitet, bevor der Kunde aktiv in die Lösungsfindung eingebunden wird. Dabei soll die Gesprächsstruktur den Kundenberater nicht wie ein Korsett einschnüren, sondern ein Gerüst schaffen, das Orientierung in schwierigen Situationen bietet. Die Reihenfolge der Gesprächsphasen ist an das Mediationsverfahren angepasst und daher grundsätzlich nicht variabel. Stellt sich aber heraus, dass Bausteine fehlen, kann der Kundenberater in die vorherigen Phasen zurückgehen und flexibel damit weiterarbeiten. Je nach Kundentyp können Phasen auch abgekürzt werden, denn der Kunde hat sich nicht wie der Mediand für ein entsprechendes Verfahren entschieden. Lehnt er Anteile der Gesprächsstruktur ab, ist dies zu akzeptieren.

Kooperiert der Kunde, ist das Ergebnis ein individuelles Kundenprofil. Dieses ermöglicht passgenaue Lösungen unter Berücksichtigung der Erwartungs-Wahrnehmungs-Spirale und des Diskonfirmationsparadigmas in der kritischen Situation der Kundenbeschwerde. Mit der professionellen Beschwerdebetreuung leistet der Kundenberater einen essentiellen Beitrag zur Kundenbindung und für den wirtschaftlichen Erfolg der Organisation. Auch im zukünftigen Kundenkontakt profitieren beide Seiten von diesem intensiven Kontakt durch eine partnerschaftlich vertrauensvoll transformierte Beziehung.

Damit schließt sich der Kreis: Emotionsmanagement, das Wohlbefinden der Kundenberater, Kundenzufriedenheit und damit der ökonomische Erfolg der Organisation sind interdependent und können durch die wertschätzende Interaktion in der Gesprächsstruktur für konfliktäre Kundengespräche mit mediativen Elementen gesteigert werden. Die zu überprüfende These wurde damit nicht nur hinsichtlich ihrer positiven Wirkungen auf Kunden- und Mitarbeiterzufriedenheit bestätigt, sondern auch auf den ökonomischen Erfolg der Organisation ausgeweitet. Diese Triple-win-Situation ermöglicht Organisationen, mit einem entsprechenden Ausbildungskonzept für Kundenberater Wertschöpfungspotenzial im sozialen System der Kundenbetreuung zu erschließen.

Stichwortverzeichnis

A
Aktives Zuhören, 27, 33, 51, 54, 61
Allparteilichkeit, 14, 26
Angriffe, 33, 74
Anschlussfähigkeit, 10, 51
Authentizität, 22, 33, 34, 39, 52, 83

B
Backoffice, 13, 58, 62
Behaviorismus, 16
Beschwerdegespräche, 31, 35
Brainstorming, 29, 57
Burnout, 70

C
Caucus-Mediation, 62
Complaint ownership, 40, 47, 54
Cross-selling, 60

D
Dienstleistung, 7, 11, 18, 42
Dienstleistungstriade, 12, 21, 45
Dilemma, Grenzstellendilemma, 13, 48
Diskonfirmationsparadigma, 7
Distanz, 11, 13, 73

E
Eisbergmodell, 6, 37, 76
Emotionale Dissonanz, 16, 70
Emotionsmanagement, viii, 36, 41, 47, 69, 70, 73, 75, 80, 83, 84
Emotionsregulation, 72
Empfehlungen, 60
Empowerment, 2, 44, 45, 69, 75
Entschuldigung, 33, 36, 54, 55, 59, 63
Erwartungs-Wahrnehmungs-Spirale, 7, 8, 84

G
Gesprächsatmosphäre, 33, 50
Gesundheitsmanagement, 2
Grenzstelle, 13, 21

H
Humanistische Psychologie, 16

K
Konstruktivismus, 11, 74, 75
Kopplung, 13
Kritisches Ereignis, 7, 64, 84
Kundenberatung, 1, 21, 45
Kundenbindung, 7, 18, 20, 31, 84
Kundenzufriedenheit, 7, 41, 45, 47, 55, 61, 80, 84

L
Lösungsfindung, 57, 59, 83
Loyalität, 7, 8, 48

M
Manipulation, 3, 21
Mitarbeiterzufriedenheit, 2, 83, 84
Multimodale Ansätze, 70

N
Nachbeschwerdezufriedenheit, 7
Nonverbale Kommunikation, 26, 49, 72, 83

O
Organisationssoziologie, 2
Oxytocin, 78

P
Paraphrasieren, 56
Partnerschaftlichkeit, 21, 83, 84
Perspektivwechsel, 34, 37, 44, 45, 79
Präzedenzfälle, 60
Professionelle Distanzierung, 73
Prozessverschlankung, 62

R
Reklamationsgespräche, 30, 39

S
Schlüsselkompetenz, 20
Schlüsselreiz, 76, 77
Selbstanknüpfung, 51
Selbstverantwortung, 1, 14, 15, 20, 27
Sozialhygiene, 16, 71
Stressor, 71, 73, 74
Systemtheorie, 8

T
Telefon, 32, 49, 52
Tiefenhandeln, 72, 83
Transformationsansatz, 61

U
Unternehmensinteressen, 21

V
Verhandlungsrolle, 22

W
Wahrnehmungspositionen, 79
Wertschätzung, 21, 22, 44, 56
Win-win-Lösung, 35, 41, 55

The manufacturer's authorised representative in the EU is Springer Nature Customer Service Centre GmbH, Europaplatz 3, 69115 Heidelberg, Germany. If you have any concerns regarding our products, please contact ProductSafety@springernature.com

Printed and bound by CPI Group (UK) Ltd, Croydon, CR0 4YY

24/03/2026

02077755-0003